보물산에 갔다 빈손으로 오다

보물산에 갔다 빈손으로 오다

현안 스님의 미국 챤禪 메디테이션 이야기

현안 지음

어의운하

나는 미국에서 출가했습니다.

27살에 미국으로 떠날 때, 사랑하는 가족과 친구에게서 멀리 떨어져서 나 자신이 진정으로 원하는 것이 무엇인지 찾고 싶었습니다. 그리고 그런 과정에서 성공과 부를 얻는 일도 중요하다고 여겼습니다. 운 좋게도 미국에서 10년도 되지 않아서 젊은 나이에 꽤 성공적인 기업을 세울 수 있었고, 어릴 때부터 상상했던 삶을 누려볼 기회도 있었습니다.

30대에 혼자 힘으로 넓은 저택을 마련했고, 고급 스포츠카와 화려한 파티, 호화로운 휴가를 누려볼 수 있었습니다. 참선과 불교 수행은 사업을 번창시킨 원동력이 되었고, 많은 사람과 어울리면서 더욱 풍부하고 즐거운 삶을 살 수 있게 되었습니다.

하지만 이런 모든 세속적인 즐거움을 위해서는 끊임없는 노력과 희생이 요구된다는 것을 알게 되었습니다. 우리가 행복으로 여기고 추구하는 것은 사실 일시적인 즐거움일 뿐이고 이를 얻기 위한 노력은 우리가 불행을 느끼는 원인이 된다는 것도 보게 되었습니다.

선禪을 통해 얻은 즐거움(安樂)은 지속적이고, 훨씬 더 컸습니다. 그리고 이는 제가 더욱더 의미 있는 삶을 살 수 있는 원천이 되었습니다. 사람들이 어떻게 성공과 부를 모두 버리고 출가했냐고 물어보면, 저는 버린 것이 아니라 더 좋은 것을 선택했다고 말합니다.

이 길은 내면 깊숙이 있는 내 허물과 오류를 끊임없이 직면해야 하는 어려운 길입니다. 선과 대승불교를 가르쳐주시고, 나의 출가를 허락해주신 영화永化 스님께 말로 표현할 수 없는 큰 감사를 느낍니다.

이 책은 이런 제 자신의 수행 경험과 여러 사람과의 만남에 대한 기록입니다. 오늘날 물질 사회를 살아가는 수많은 이에게 내면의 즐거움을 위한 첫걸음을 디딜 수 있는 좋은 계기가 되길 바랍니다.

2021년 2월
현안賢安

PART 3

PART 4

수행을 통해 경험하는 안락과 내면의 즐거움은 세속의 즐거움과
비교할 수 없을 정도로 컸다. 세속적인 즐거움은 지속되지 못했고,
선정에서 오는 안락은 길게 지속되었다.

PART 1

모든 문제는
내 안에서 비롯된다(회광반조回光反照)

지금 돌이켜보니 나도 참 용감했다. 당시 한국에서 제일 빠른 속도로 성장하는 바이오 제약기업의 좋은 직장 자리도 그만두고, 가방 두 개에 제일 필요한 옷만 챙겨서 미국에 와버렸다. 나중에 결혼할 것이라고 생각했던 착한 남자친구도 버리고, 제일 아끼던 예쁜 고양이도 한국에 두고, 퇴직금 조금 모아놓은 것을 모두 챙겨서 미국으로 왔다. 난 진짜로 이기적인 사람이었다. 내가 얻기 위한 것을 찾아서 가족도 친구도 그냥 다 버리고 혼자 와버렸다.

하지만 난 꼭 그렇게 해야만 했다. 사람들이 열심히 공부하고 직장 생활 잘하면 된다고 했는데, 마음 한쪽은 항상 허전하고 우울했기 때문이다. 그래서 아끼고 좋아하는 것을 모두 놓고, 가까운 가족, 친구들을 모두 멀리에 놓고 혼자 있으면서 앞으로 인생을 어떻게 살아야 할지 생각해보면 답을 얻을 수 있을 것 같았다.

미국에 와서 여러 우여곡절 끝에 사업을 시작하게 되었다. 영화 스님을 만나서 참선을 배웠고, 혼자 이끌기 어려웠던 사업도 성장하기 시작했다. 여름과 겨울에 하는 선칠禪七(한국의 안거와 비슷하다) 수행 때는 사업도 그냥 거의 방치하다시피 놓고 절에 들어와서 수행했다. 그런데도 불구하고 매년 판매하던 제품 한두 개 정도가 우연히 히트를 해서 미국 전역을 휩쓸었다.

그렇게 나는 어릴 때 꾸었던 거의 모든 꿈을 달성하였다. 처음 사업을 시작했을 때 10년 된 토요타 캠리를 타고 다녔는데, 그 당시 비싼 아우디를 고속도로에서 보면, 아무리 잘되어도 저렇게 비싼 차는 타기 힘들 것이라고 생각했다. 3년 후에 거의 7만 달러에 달하는 아우디 S5 스포츠카를 탈 수 있게 되었다. 그리고 항상 꿈에 그렸던 과일나무 많고 마당이 넓은 아름다운 큰 저택도 아무에게도 도움을 받지 않고 완전히 내 혼자 힘으로 살 수 있었다. 하고 싶은 쇼핑도 다 할 수 있게 되었고, 또 내가 원하면 아무 때나 프랑스에 가서 일주일 동안 놀다 오기도 하고, 중남미나 카리브해에 가서 한 달 동안 컴퓨터로 일하면서 즐길 수 있었다. 남들이 보면 정말 꿈같은 인생이었다.

막상 정말 타고 싶은 차를 사서 타고, 또 돈도 충분히 벌어서 아무것이나 다 살 수 있게 되니, 특별히 좋은 것이 없었다. 내 스스로 성취한 것을 자랑스럽게 느낄 때, 또는 돈이 많으니 내 마음대로 하고 싶은 걸 다 할 수 있다고 생각할 때 내 이상만 커진다는 것을 알 수 있었다. 계속 수행을 통해 내 마음을 들여다보는 연습을 하고, 매년 수행으로 변해가는 내 몸과 마음을 알게 되니, 번뇌가 올라올 때면 더욱 수행에 몰입하고 싶어졌다. 물질적으로 많은 것을 얻었지만, 몸과 마음에서 올라오는 번뇌와 장애들은 완전히 극복하지 못했기 때문이다.

게다가 사업 덕분에 미국에서도 크게 성공한 피부과, 성형외과 의사들, 기업체 경영진, 사업가들과도 많이 알고 지내게 되었다. 이런 사람들은 평생 물질적인 성공을 위해 쉬지 않고 일했지만, 결국 노년에도 마음의 평화는 얻지 못하는 경우가 대부분이었다. 이들은 재정적 그리고 사회적으로 성공했지만, 가족과의 갈등, 건강 문제, 많은 스트레스와 같은 문제에 대해서는 아무런 답을 얻지 못하였다.

내가 막 참선을 배우기 시작해서 내 문제들을 하나씩 벗어버리기 시작했을 때, 내 눈에 부럽게 보이고, 문제가 별로 없을 것 같은 사람들이 많았다. 그런데 지난 몇 년 동안 이런 사람들조차도 하나둘씩 연락을 해서 자신의 문제들을 털어놓기 시작했다. 그러니 내 마음속의 어려움과 고통을 하나씩 풀어낼 수 있는 이 수행이 얼마나 큰 가치가 있는지 조금씩 알게 되었다.

처음 수행을 시작했을 때 내 마음에서 올라오는 번뇌와 고통의 원인이 아버지와의 갈등에서 비롯되었는지, 아직 사업에 성공하지 못해서 그랬는지, 돈이 충분히 없어서 그랬는지, 젊은 미혼 여성으로서 충분히 예쁘고 매력적으로 보이지 않아서 그런 것인지 그 이유를 찾으려고 분석하고 연구했다. 그러나 이런 질문들의 답을 찾아내도 마음의 번뇌는 끊이지 않았다. 지금 돌이켜보니 그 이유는 답을 내 밖에서 찾고 있었기 때문이다. 수행을 통해 빛의 방향을 돌려 계속 내 마음속을 들여다보고 참구했다.

매년 선칠 수행에 참석해서 수련하여 몸과 마음을 닦았다. 이렇게 여러 해 동안 앉고 또 앉아서 내 마음의 번뇌를 계속 보았다. 번뇌를 줄이려면 번뇌를 보고 알아차릴 수 있어야 하고, 집착을 내려놓으려면 지금까지 내가 볼 수 없었던 집착을 볼 수 있어야 한다. 이렇게 수행의 길은 즐겁거나 재미있는 길이 아니다. 스스로의 번뇌와 집착을 볼 때는 불쾌하고 불편하지만, 이것들을 알아차리고, 떨어뜨릴 때마다, 내 마음은 매일 조금씩 더 가볍고 평화롭다.(2019.8)

불면증에 시달린 나,
참선을 만났다

대학을 졸업하고 제약회사에 취직을 하였다. 열심히 공부해서 안정적인 직장을 얻으면 된다고 해서 그렇게 했는데, 그다음 무엇을 해야 하는지 누구도 가르쳐주지 않았다. 가장 빠른 속도로 성장하는 제약회사 해외사업개발 팀에서 큰 성과도 보였다. 그런데 계속 일만 많이 하고, 정해진 월급만 받고, 1년에 며칠 되지 않는 휴가 속에서 아무리 월급 인상을 많이 하고 저금을 많이 해도 혼자 힘으로는 내 집 장만이 거의 불가능하다는 것을 알게 되었다.

어릴 때부터 총명하다고 주목받고 자라났고, 다른 사람들보다도 한 10배는 열심히 공부하고 일한 것 같았는데, 인생이 이렇게 무의미하고 허무하다는 것을 받아들이기 어려웠다. 그래서 직장을 그만두고, 가방 두 개에 옷을 챙겨서 미국으로 훌쩍 떠나 왔다. 멀리 떠나서 혼자만의 시간을 갖고 앞으로의 인생에 대해 생각하고 점검해보고자 했다. 하지만 미국에서 직장을 구하기 쉽지 않았고, 자금, 인맥, 신용 없이 새로운 환경에서 사업을 할 수 있을지 알 수 없었다.

혼자 힘으로 사업을 시작했지만, 자금 없이 혼자 모든 일을 다 해야 하니 쉽지 않았다. 매일 10시간 이상 일을 했고, 이른 아침까지 머릿속에 생각이 가득해서 잠을 이루지 못하는 날이 많았다. 그래서 나는 마음의 안정과 조화를 얻는 방법을 찾기 시작했다. 자기계발에 관한 세미나인 랜드마크 포럼에도 가보았고, 당시 많은 사람에게 알려져 있던 에크하르트나 오쇼의 글도 읽었다.

랜드마크 포럼에 3일간 참가했을 때 갑갑했던 마음이 확 풀리는 듯한 경험은 하였지만, 매일 여러 사업적인 문제와 인간관계를 겪으니 그 효과는 한계가 있었다. 그래서 여러 가지 방법을 찾던 중 인터넷에서 무료 '찬 메디테이션(Chan Meditation)' 정보를 보게 되었다. '찬 메디테이션'은 '선禪'의 중국어 발음 '찬'과 '메디테이션', 즉 '명상'을 합한 말이다. 불교에서 하는 '선 명상', 즉 '참선參禪'을 말한다. 나는 당시 캘리포니아 다우니시에 살고 있었는데, 집에서 20분 거리인 로즈미드시 'Lu Mountain Temple(또는 노산사廬山寺)'에서 열리는 무료 참선 교실에 참여하기로 결심했다.

당시 불면증 문제로 시달리고 있던 나에게 토요일 아침 명상 교실은 참여하는 것조차도 힘들었다. 하필이면 명상을 토요일 아침 9시에 하는 것이었다.

당시 나는 인생에서 오는 여러 스트레스를 떨치는 방법으로 밤늦도록 친구들과 살사 댄스를 추곤 했다. 그 당시만 해도 거의 일주일에 3, 4번씩 밤마다 살사 댄스를 추며 놀던 시절이라, 금요일 밤에는 친구들과 놀다가 새벽 늦게 집에 들어왔기 때문에 그렇게 아침 일찍 절을 찾아간다는 것은 불가능하다고 생각했다. 게다가 내 머릿속의 생각은 끊이지 않아서, 집에 들어와서 바로 일찍 잠을 잔다는 것은 있을 수 없는 일이었다. 매일 밤 누우면 잠이 들 때까지 많은 시간이 필요했고, 아침 동이 틀 때 겨우 잠드는 일도 많았다. 그래서 몇 달 동안 '다음엔 꼭 가야지, 다음 주에는 반드시 가야지'라고 생각하다가, 하루는 '이렇게 해서는 내 인생이 변할 수 없지! 오늘은 밤을 새워서라도 꼭 가서 명상을 배울 것이다'라고 결심했다. 그래서 어느 날 드디어 금요일 밤을 꼴딱 새우고, 토요일 아침에 노산사로 향했다.

2012년 나는 이렇게 해서 영화 스님이 계신 노산사에서 처음 참선을 배우게 되었다. 토요 참선교실 프로그램은 무료인데, 9시부터 1시간 좌선, 10시부터 1시간 법문, 11시부터 무오신채 식사다. 그리고 영화 스님은 법문 시간에 사람들이 아무리 황당한 질문을 해도 항상 인자하고 성심을 다해 대답해주신다.

내가 처음 참선을 배우기 시작할 때만 해도 노산사는 사람들이 많이 오지 않아서 썰렁했다. 당시에는 영화 스님 아래 스위스계 백인 스님인 현계 스님만 있었고, 참선 교실에 참여한 사람이 5명도 안 되는 날도 있었다. 그래서 참선 교실이 끝나고 영화 스님 바로 옆에 앉아 점심을 먹을 수 있었다.

당시 노산사에 상주하는 80세 넘은 이탈리아계 백인 할머니인 로베르타라는 수행자가 있었다. 스님은 로베르타에게 "저기 샤나한테 어떻게 앉는지 보여줘요"라고 시켰다.

나는 처음부터 영화 스님이 하시는 모든 말씀에 신뢰가 갔다. 어릴 때 『반야심경』을 읽고 마음이 힘들 때마다 일기장에 반복하여 적곤 했는데, 이 경전에 비추어 봤을 때 스님의 행동과 말씀 모든 부분이 일관성 있었다. 그래서 일단 영화 스님이 지도해주신 대로 해보기로 결심했다. 나는 로베르타가 보여준 대로 결가부좌하여 앉아보기로 했다.

하지만 쉬운 일이 아니었다. 다리가 뻣뻣해서 처음부터 결가부좌로 앉기가 어려웠다. 대신 매일 새벽 5시에 일어나서 최소 30분쯤 반가부좌로 앉아 있었다.

사업을 막 시작한 지 얼마 안 되어서 혼자서 해내야 할 일이 엄청나게 많았고, 이메일도 무척 많았는데, 많은 생각이 마음에서 일어나는 것을 꾹 참고 30분간 무조건 아무것도 하지 않고 앉았다. 매일 아침마다 명상을 시작하고 며칠이 지났는데, 마음에서 일어나는 이런 거칠고 끊임없는 생각들이 확 줄었다. 그리고 회사에서 큰 사건이나 문제가 터지면 '아하!' 하면서 좋은 아이디어와 해결책들이 갑자기 마음속에 떠올랐다.

태어나서 이런 경험을 해본 적이 없었던 나는 노산사로 달려갔다.

"스님, 아직 결가부좌는 되지 않았지만 일주일 동안 매일 아침마다 30분씩 눈을 감고, 아무것도 하지 않고, 반가부좌로 시키는 대로 해보았어요. 답이 없을 것 같은 여러 문제에 아하! 하며 답이 막 떠오르기 시작했어요. 아무것도 하지 않았는데 어떻게 이럴 수가 있죠?"

영화 스님은 부드럽게 날 쳐다보고 이렇게 말해주셨다.

"샤나야, 이제 깨어나기 시작하는 것이다. 이를 인히어런트 위즈덤

(Inherent wisdom, 태어날 때부터 가지고 있는 지혜, 근본지根本智)이라고 하는 것이다."

"한국에서는 스님이라고 부르는데, 영어로 뭐라고 부르면 되나요?"

"내 이름은 마스터 영화(Master YongHua)인데 짧게 그냥 마스터(Master)라고 부르면 된다."

나는 영화 스님에게 너무 고마웠다. "생큐, 마스터!!"(2019. 3)

백만장자 사업가에서
출가자로

나는 원래 매우 세속적인 사람이다. 그래서 내가 출가하는 것이 불가능하다고 생각하는 사람들이 많았다. 처음 참선을 배우기 시작한 동기도 매우 불량해서, 수행을 통해 선정의 힘을 키우고 이에 따라 향상된 생산력과 집중력으로 돈을 더 잘 벌면 되겠다, 라는 생각 때문이었다.

2012년 미국 캘리포니아 LA 근교에 위치한 매우 작고 사람도 별로 없었던 노산사에서 영화 스님에게 처음 참선을 배우게 되었다. 나는 어릴 때부터 공부도 잘하고 직장 생활도 성실히 하였는데, 마음은 늘 허전하고, 행복하지 못했다. 특히 생각이 너무 많아 잠을 잘 못 잘 때가 많았다. 무엇이 부족해서 만족스럽지 못한지 항상 궁금했다. 이런 이유로 명상이나 참선을 해야겠다고 막연하게 생각하고 있었다.

당시 막 시작했던 사업은 겨우 유지할 수 있는 정도였고 직원도 파트 타이머 한 명뿐이었다. 그해 겨울 선칠을 한다고 했을 때, 회사는 파트 타임 직원에게 무작정 맡겨두고 노산사에서 3주간 정진에 참여했다. 결가부좌로 잘 앉지 못했기 때문에, 선칠에 참여하는 것이 시간 낭비가 아닐까, 라는 의문도 있었다. 하지만 영화 스님은 앉기 어려울 때 도량 내에 계속 있으면서 다른 일을 도우면 된다고 하셨다.

중국 정통선의 법문法門인 선칠은 새벽 3시에 좌선을 시작해서 1시간 앉기, 20분 걷기를 반복하여 밤 12시에 끝나고, 다음 날 다시 새벽 2시 반에 일어나서 새벽 3시부터 앉기를 시작한다. 새벽 3시에 일어나 스케줄을 따라가는 것은 불가능했지만, 노산사에 머무르면서 나름대로 할 수 있는 것은 최선을 다했다. 처음 했던 3주간의 선칠 수행 동안에는 앉아서 참선한 시간보다 공양간에서 설거지하고 요리한 시간이 훨씬 많았다.

처음 참여한 선칠 3주가 끝나갈 무렵 영화 스님이 "네가 이제 이선二禪(2nd Dhyana)에 들어갔다"라고 말해주셨다. 당시 나는 이선이 무슨 뜻인지 몰랐다. 그 이야기를 듣고 다시 좌선하는 자리로 돌아가 앉았는데, 마음이 무척 가볍고 평화로웠다. 예전에 느껴본 적이 없는 경험으로 태어나서 처음 수행의 '안락安樂(peace and bliss)'을 맛보았다.

그 후로 꾸준히 참선을 매일 하고 절에서 봉사 활동도 했다. 그리고 해마다 여름과 겨울에 하는 선칠에도 모두 참여했다. 주말이 아닌 평일에는 시간을 내서 노산사에서 점심 공양을 하기도 했다. 점심 공양을 하는 동안 영화 스님이 하시는 말씀에 '아하!' 하고 번뜩 깨어나는 일이 많이 있었다(심득心得). 그러는 동안 사업은 매년 2~3배씩 성장해서 5년 남짓 지났을 때에는 매년 회사 매출이 25억 원을 넘게 되었다. 맨손으로 시작했지만, 외부의 투자 없이도 회사는 계속 성장했다. 소위 '아메리칸 드림'을 실현한 것이다.

회사가 급성장하니 직원도 늘어나고, 해야 할 일도 많아지고, 책임감도 커져갔다. 그럼에도 불구하고 여름과 겨울의 선칠 전체에 참여하는 데 항상 우선순위를 두었다. 아무리 돈을 더 많이 벌 수 있는 기회가 생겨도 어느 정도는 포기하면서, 선칠 수행은 빠지지 않았다. 특히 선칠 기간에는 매일 저녁 영화 스님의 법문을 들을 수 있었고, 자유롭게 질문을 할 수 있다는 것이 좋았다.

지난 몇 년간 사업은 계속 성공적이었고, 금전적으로 풍요로워지니 언제든지 해외여행을 다닐 수 있었다. 예전부터 꿈꾸던 독일산 고급 자동차도 탈 수 있게 되었고, 누구의 도움도 받지 않고 과일나무가 많은 넓은 저택도 마련할 수 있었다. 나이가 40세도 되지 않아 어릴 때의 꿈을 모두 이루게 되었다.

이미 알고 있던 수행과 불교에 대한 가르침에서는 집착을 버려야 한다고 했는데, 이런 것을 즐기는 것이 나쁜 것이 아닌가 하는 생각이 들었다. 영화 스님은 나에게 "세속 사람이 세속적인 즐거움을 누리는 것은 당연한 것이고, 원래 그런 것이다. 다만 탐심의 노예가 되지 않으면 된다"라고 말해주셨다.

영화 스님은 제자들이 항상 자유롭게 원래 성격대로 말하고 행동할 수 있도록 해주셨다. 영화 스님은 늘 내게 "네 선정의 힘이 더욱 커지면 저절로 변할 것이야"라고 말해주셨다. 우리 마음 상태는 수행의 힘으로 자연스럽게 변화하는 것인데, 말로만 집착을 내려놓아야 한다,

번뇌를 없애라고 한다면 우리 내면에 번뇌와 충돌만 일어난다.

수행을 하면서 매년 더욱 큰 마음의 해방과 평화를 얻으니, 세속적인 즐거움도 더욱 잘 누릴 수 있게 되었다. 하지만 수행을 통해 경험하는 안락과 내면의 즐거움은 세속의 즐거움과 비교할 수 없을 정도로 컸다. 세속적인 즐거움은 지속되지 못했고, 선정에서 오는 안락은 길게 지속되었다. 세속적인 즐거움을 충족시키기 위해 쉬지 않고 쏟아붓는 시간과 에너지가 낭비라는 것을 깨닫기 시작했다.

그런 이유로 사업을 정리하고 출가의 길을 선택했다. 나의 모든 시간, 노력과 에너지를 수행에 집중하기로 결심했다. 이제 한 길에 모든 것을 몰두할 수 있게 된 것이다. 세속적인 복이 많아야 부자가 된다 하였지만, 수행을 할 수 있는 복은 훨씬 더 커야 한다는 영화 스님의 말씀에 크게 공감한다. 사업하면서 만나게 된 미국의 큰 부자들과 이야기해보니 가난하고 평범한 사람들이 가진 문제들과 본질적으로 비슷한 문제들을 가지고 있고, 그로 인해 고통받고 있음을 알게 되었다.

아무리 큰 부가 있어도 마음속의 깊은 편안함은 돈으로 살 수가 없고, 돈이 많을수록 마음은 더욱 산만해진다. 세속의 부를 버리고 출가의 길을 선택할 수 있어 매우 기쁘다.(2019.11)

참선으로 얻은 최상의 능력,
슈퍼파워!

출가 전 있었던 일이다. 처음 사업을 시작했을 때 자금이나 대출 없이 적은 수량을 팔아서 이윤이 생기면 더 많은 재고를 사서 또 판매했다. 아무런 도움 없이 1인 기업으로 이렇게 사업을 하다 보니 처음에 어려움이 매우 많았다. 그리고 자금이 없으니 박람회나 학회에 나가서 새로운 고객을 발굴하기도 거의 불가능했다.

주요 사업이 전문가들을 대상으로 하는데도 불구하고 전화, 우편 또는 이메일로만 제품을 소개하고 설명하고 판매하기 시작했다. 한국에서 쓰던 낡은 노트북 한 대만 갖고, 방 한 칸 있는 작은 아파트에서 시작한 사업이었기 때문이다. 보통 전문가 시장을 겨냥하는 기업들은 어느 정도 대출금이나 자본을 갖고 큰 학회나 박람회에 출품하고 광고하기 때문에 고객들로부터 신뢰를 얻는다.

박람회에 관람객의 입장으로 가보니 내가 알고 있는 지식, 다루는 제품의 기술력, 품질, 가격 경쟁력은 미국 주요 시장에 나가도 손색이 없다고 판단할 수 있었다. 그래서 작은 아파트 거실에서 노트북 한 대만 갖고 시작했지만 큰 고객을 상대할 때 주눅이 들거나 자신감이 부족하지는 않았다. 항상 아주 좋은 제품을 뛰어난 기술력과 풍부한 지식으로 대할 수 있다며 당당했다.

그렇게 조금씩 이윤을 모으고 모아서 가까운 도시에서 하는 박람회와 학회에 부스를 열어 사업을 확장하기 시작했고, 그 후 사업이 더 커지면서 라스베이거스, 샌프란시스코 등에도 매년 가게 되었다. 미국 동부에도 고객이 점점 많아지면서 매년 뉴욕과 플로리다에서도 박람회에 참석하고, 강의도 시작했다. 그래서 박람회 주최 측의 배려로 박람회에 참석하는 동안 몇몇 도시에서 참선 강연을 할 수 있게 되었다.

2016년 미국 동부에서 열린 노화방지학회에 참여했는데 근처 부스의 어느 사장님이 방문을 오셨다. 중년의 나이로 보이는 이분과 안면은 있었지만 잘 알지는 못하는 사이였다. 우리는 서로 소개를 하다가 명상에 관해 이야기하게 되었다.

"사람들이 명상은 그냥 편하게 아무 생각하지 않고 앉아 있는 것으로 알아요. 그러나 사실 명상으로 훨씬 더 많은 것을 얻을 수 있어요. 다만 적절한 가르침과 훈련이 필요하죠. 그래서 진도가 더 나가면 훨씬 더 유익하고, 지혜를 열 수 있게 돼요. 의학 서적을 사서 읽어보고 의학에 대해 안다고 생각할 수 있지만, 진정으로 훌륭한 의사가 되고자 한다면 바른 교육과 훈련이 필요합니다. 명상도 이와 마찬가지입니다. 좋은 선생님이 있다면 더 많이 배우고 얻을 수 있죠."

그러자 그는 약간 비꼬는 듯한 어투로 물었다.

"참선이나 명상을 열심히 하면 뭐가 좋죠? 공중 부양 그런 것이 되나요? 뭐, 초능력 그런 것이 생기나요?"

그래서 나는 그 사람에게 대답했다.

"아니요. 불교에서는 그런 걸 하지 않아요. 예를 들어 공중 부양, 유체 이탈, 과거를 보는 능력, 다른 이들을 치유하는 일은 하지 않아요. 이런 능력이나 경험들은 명상 수행을 통해서 자연스럽게 일어날 수 있습니다. 사실 이런 능력들이 열리는 경우가 많죠. 근데 우리는 이걸 원숭이가 하는 일이라고 부릅니다. 제 경우에는 훨씬 더 대단한 경험을 했죠!"

그는 궁금해하면서 "뭔가요?"라고 물었다. 나는 답했다.

"전 이제 아버지하고 화내지 않으면서 대화할 수 있어요. 이건 기적이고, 제가 평생 꿈꾸던 일이에요."

우리는 둘 다 크게 웃었다. 나는 말을 이었다.

"아마 당신은 그게 얼마나 대단한 일인지 모를 겁니다. 평생 저는 그냥 아버지에게 이야기하면서 화를 안 내길 소망했습니다. 그리고 명상이 제가 그렇게 할 수 있게 해줬어요."

그 중년의 사장님은 갑자기 얼굴의 표정이 바뀌면서 내게 이렇게 말했다.

"사실 2년 전 제 젊은 딸이 교통사고로 죽었어요. 오늘이 그 기일입니다. 딸이 살아 있었다면 지금 23살이 되었을 겁니다. 매일 내 마음은 딸을 생각하면서 고통 속에 있습니다. 오늘 이 이야기를 나눠주어서 고마워요. 아마 오늘 당신을 만나서 이 이야기를 듣는 데 이유가 있었던 것 같아요."

그는 내가 준비해놓은 참선의 기본 자세에 관한 전단지를 집어서 자기 회사 부스로 돌아갔다. 참선의 이점은 진정으로 불가사의하다. 우리가 스스로 한계를 만들고 있을 뿐이다.(2020, 7)

참선으로 부자가 되다

처음 참선을 배우러 오는 분들은 내가 출가 전 미국에서 성공한 기업가였다는 사실에 관심이 많다. 참선 수업 중 사업하면서 있었던 일이나 해외에 다녔던 경험을 언급하면 젊은 사람들은 눈을 반짝거리고 더욱 귀를 기울여 내 이야기를 들으려고 한다.

참선을 시작했을 때만 해도 미국에서 빈손으로 시작한 사업은 아직 미래가 불투명한 상태였다. 한국 바이오벤처 제약회사에서 일한 경험만 갖고 내 나라도 아닌 외국에서 시작한 전문 미용 관련 사업은 쉽지 않았다. 과학적으로 많은 것을 이해하고 있었지만 자본금도 없었고, 업계에 조언을 구할 만한 사람이 있는 것도 아니었다. 또한 사업을 하려면 법률, 세무, 회계, 고용 등에 관한 여러 가지 지식과 노하우가 필요했다.

아침에 일어난 후 밤까지 전쟁터 나가는 것처럼 많은 일을 해야 했다. 잘 모르는 일에 부딪히면 스트레스도 많아졌고, 신경도 날카로워졌다. 하지만 참선을 시작하고 놀라운 일들이 일어났다.

첫째로 화가 나거나 흥분했을 때 잘못된 판단이나 결정을 하기 쉬운데, 매일 참선하면서 어려운 상황에서 감정이 일어나기 시작할 때 이를 더 빨리 알아차리고 차분하게 가라앉힐 수 있게 되었다. 어느 날 영화 스님께서 "마음에 번뇌가 있으면 멍청해진다"라고 나에게 말씀해주셨을 때, 번뜩 내가 지금까지 그렇게 하고 있었음을 알게 되었다. 그래서 마음이 시끄러울 때 되도록 아무런 결정도 하지 않고, 말도 아끼는 연습을 시작했다. 만약 수행의 힘이 없었다면 이런 연습이 쉽지 않았을 것이다. 마음이 번뇌로 가득할 때 더 잘 알아차리게 되었다.

둘째로 일을 완벽하게 하려는 욕심 때문에 모든 일을 통제하려는 경향이 있음을 알았다. 새로 뽑은 직원에게 충분한 시간을 주고 배울 수 있는 기회를 주지 않았다는 것을 알았다. 그래서 사업상 어려운 상황이나 풀기 어려운 문제가 생겼을 때 바로 반응하지 않고 한 박자 늦춰서 대응하기 시작했다. 직원이 다뤄야 하는 영역에서 직원의 의견을 존중해주고, 그의 의견이나 방법이 최상이 아니라고 생각할 때도 들어주기 시작했다.

셋째로 거래를 꼭 성사시켜야 한다는 마음의 집착에서 조금씩 벗어날 수 있게 되었다. 반드시 일을 성취해야 한다는 강한 마음을 내려놓으니, 고객의 입장을 더 잘 이해할 수 있었고, 성급한 언사를 줄일 수 있게 되었다.

넷째로 사업에 투자해야 할 노력과 시간을 줄이고, 수행을 위해 절에서 많은 시간을 보내도 신기하게도 사업이 더욱 번창하였다. 독실한 천주교인 직원조차 나에게 절에서 더 봉사하라고 할 정도였다. 신기하게도 봉사를 더 할수록 사업이 더 잘되었고, 특히 아예 절에서 일주일씩 지내면서 선칠(한국의 안거와 같은 용맹정진)에 참여할 때마다 큰 거래가 하나씩 성사되었다. 절에서 참선하고 있을 때 모르는 업체나 사람에게서 큰 주문이 들어왔다. 그런 일이 여러 번 반복되었다.

2014년 당시에는 아직 사업 규모가 크지 않았다. 젊은 시간제 인턴 직원 한 명만 데리고 일을 했는데 그 친구가 큰 회사에 취직이 되어서 그만두었다. 경력이 좀 있는 새 직원을 뽑았고, 그 직원이 시작한 지 한 달밖에 되지 않았는데 회사를 몽땅 맡기고 절에 가서 한 달 동안 이메일만 확인하면서 선칠을 했다. 그런데도 오히려 사업은 점점 안정되었고, 직원은 오히려 더 책임감을 갖고 일하기 시작했다. 그 직원은 걱정스러워하지도 않았고, 사장이 절에 가면 매출이 더 나오는 것 같다며 자주 농담을 했다.

나는 평일에도 틈만 나면 절에 가서 점심을 먹고 많은 시간을 보냈다. 그 직원에게도 절에서 배운 이야기들을 많이 해줬다. 2014년 겨울에도 선칠을 위해 절에 있었다. 크리스마스 연휴, 연말, 새해에도 밖에 나가지 않고 참선을 했다. 2015년 1월 어느 날 갑자기 온라인 주문 이메일이 마구 쏟아져 들어왔다. 직원에게 전화해서 무슨 일이 있냐고 물어보니, 인터넷 언론 '허핑턴포스트'에 우리 제품에 대한 글이 올라왔다는 것이었다. 그때는 허핑턴포스트가 얼마나 유명한지도 알지 못했고, 어떻게 그런 글이 올라가게 되었는지도 알 수가 없었다. 그때부터 갑자기 미국 주요 언론사들이 취재 요청을 했다. 회사에 자금이 없어 유료 광고를 한 번도 해보지 못했는데, 메이저 언론사들이 경쟁하면서 기사를 냈다. 이후 세포라, 월마트 등 미국의 큰 기업들도 우리 제품을 취급하고 싶다고 연락을 해왔지만, 그들의 제안을 거절했다.

그때 문득 너무 앞으로 달려 나가면 수행할 수가 없고, 사업 규모가 갑자기 너무 커지면 돈의 노예가 될 것이라는 생각을 했다. 미국의 대형 기업들과 거래하려면 결제 조건도 맞춰야 하는데, 그러려면 더 큰 자금이 필요했고 그만큼 위험도 커질 것이다. 비록 사업의 규모는 작더라도 투자나 대출을 받지 않아야 사업에 관한 모든 결정을 독립적으로 할 수 있다는 점을 잘 알고 있었다. 투자나 대출을 받아서 규모를 키우면 더욱 크고 성공적인 기업이 될 수 있겠지만, 사업에 관한 모든 결정은 먼저 손익을 고려해야 한다는 것을 알고 있었다.

내게는 사업의 성공보다 독립적인 결정권을 갖는 것이 더 중요했다. 직원들도 더 많은 판매를 위해 거짓말할 필요가 없었고, 마음 깊이 옳지 못하다고 생각되는 일이라면 더 많은 돈이 생길지라도 쉽게 포기할 수 있었다.

또 가장 중요한 것은 수행을 위해서 일하는 시간을 마음대로 조정하고, 언제든 영화 스님 곁에서 배울 수 있게 되는 것이었다. 여름과 겨울에는 절에서 한 달 이상씩 살면서 선칠 수행에 몰입해야 했는데 재정적인 이익을 위해서 이를 희생할 수 없었다.

그런데도 사업은 계속 성장했고, 직원도 늘어났다. 하루에 한두 시간씩 이메일을 확인하고 직원들에게 중요한 사항만 지시해도 될 정도로 회사는 안정적인 매출을 냈다. 2017년에는 사업이 최고조에 달하여 매출이 약 30억에 가까웠다. 항공사 마일리지만으로도 비즈니스석을 예약하고 날씨 좋은 콜롬비아의 한 도시에서 한 달 동안 여행을 다니며, 고급 음식을 먹고, 매일 쇼핑 다니며 신나게 놀았다. 업무는 하루에 한두 시간 컴퓨터만 있으면 문제없었다. 또 잠시 파리에 가서 일주일 이상 지내면서 온종일 놀고, 좋은 커피와 페이스트리 등도 즐겼다.

스포츠카를 매우 좋아했던 나는 아우디 S5 스포츠카를 타고 신나게 달리면서, 돈이 있으면 좋구나, 하고 생각했다. 아우디를 타보니 매우 만족스러웠지만, 업계 사장들이나 고객들이 타는 포르쉐도 타보고 싶어서 구입했다. 유명 피아니스트의 콘서트에 가고 싶어서 비행기를 타고 렌터카를 빌려서 호텔에서 지내며 구경하러 다니기도 했다. 시간과 돈이 큰 장애가 되지 않으니 원하면 언제든 나가서 옷과 신발도 새로 사고, 미국 내 주요 도시도 돌아다녔다.

당시 나는 사람들이 꿈꾸고, 텔레비전으로 보던 인생을 살고 있었다. 하지만 신나게 여행을 다녀도 늘 마음은 영화 스님의 노산사로 빨리 돌아가고 싶었다. 돈으로 살 수 있는 물질은 가질수록 더 갖고 싶은 마음이 일어났지만, 수행을 할수록 필요한 것이 줄어들고, 갖고 싶은 것도 점점 없어졌다. 내가 무엇을 가졌는지, 무엇을 더 갖고 싶은지에 대한 생각이 줄어드니, 그런 외부적인 조건에 상관없이 다른 이들과 나눌 수 있는 여유가 생겼다. 누가 무엇을 더 가졌는지, 내가 취할 수 있는 것이 무엇인지에 대한 생각이 없는 편안한 그곳이 마음의 고향이다.(2020.6)

출가 전 탈선

      나는 세속인으로서 누릴 수 있는 것들이 무척 많았다. 금전적으로도 여유가 생겼고, 수행도 매년 진전되었기 때문에 마음도 가벼워졌고, 드디어 늘 꿈꾸던 넓은 마당이 있는 큰 저택도 마련하고, 잘 훈련된 강아지 한 마리와 멋지게 생긴 검은 고양이 한 마리와 같이 살게 되었다. 미국에서 운영하는 사업도 이름이 많이 알려졌으며, 나 또한 그 업계에서 어느 정도 인지도와 지위도 얻게 되었다. 쉽게 말해서 이제 큰 노력 없이 꽤 편안하게 살 수 있는 궤도에 들어선 것이다. 그런데도 출가하고자 완전히 마음을 먹으니 이런 많은 것이 한번에 아무런 미련도 없이 그냥 대수롭지 않게 여겨졌다.

      하지만 그래도 가장 버리기 어려운 것이 하나 있었다. 대개 사람들은 돈으로 누릴 수 있는 많은 것을 포기하고 어떻게 출가를 할 수 있었는지 또는 남녀 간의 성적 욕구를 어떻게 떨쳐 버릴 수 있었는지를 묻는다. 하지만 놀랍게도 그런 것보다 내게는 더 버리기 어려운 것이 있었는데, 그것은 바로 자유였다. 그래서 출가할 때가 가까워지니 마지막으로 자유를 한껏 누려보고 싶었다.

나는 출가 전 2년 정도는 거의 출가자처럼 살았기 때문에 못 누려본 자유를 마지막으로 불살라보고 싶었다. 2017년 이후 사업을 운영하느라 너무 바빴고, 영화 스님의 2018년과 2019년 한국 방문 및 불칠(한국의 염불 수행과 비슷하다)과 선칠을 준비하느라 할 일이 많았다. 그 당시 미국의 노산사와 위산사에 시간이 비교적 더 자유롭고 이런 준비를 할 수 있는 한국인이 없었기 때문이다. 예불집, 법문 등을 한국어로 번역하고, 관련된 사람들과 계속 연락을 주고받는 와중에 매주 참선 교실도 2~3회씩 나가서 해야 했다. 그뿐만 아니라 나는 당시 이미 오신채를 끊고 채식하며, 오계도 수행하고 있었다.

그런 까닭으로 출가 전 집과 사업체를 정리하는 동안 마지막으로 자유와 즐거움을 한껏 느껴보고 싶었다. 그래서 지금껏 살면서 가장 열정적으로 좋아했던 살사 댄스를 원 없이 춰야겠다고 생각했다. 영화 스님은 이런 나에게 아무런 말씀도 하지 않으셨고, 꾸짖지도 않으셨다. 나는 그저 10년 넘도록 제일 좋아했던 살사 댄스를 다시 추러 가니 너무 즐거웠다. 참선으로 높은 집중력과 편안한 마음 상태까지 얻었으니, 잡생각 없이 몰두해서 순간순간을 최고로 잘 즐길 수 있게 되었다. 그러니 춤을 출 때 느끼는 환희심이 어마어마했다.

매일 신나게 춤을 추고, 원하는 옷을 입고, 원하는 곳에 가고, 채식이었지만 고급스러운 음식도 먹고 놀아보니 첫 한두 달은 매우 즐거웠다. 이런 즐거움은 매우 강렬하고, 하면 할수록 더 원하는 마음이 일지만 매일 반복적으로 원하는 마음을 충족하기 위해 노력과 시간을 쏟다 보니 이 일에 끝이 없다는 것을 다시 한 번 더 확실히 느꼈다. 이 즐거움은 매우 강렬했고, 자고 다음 날 일어나면 욕구들이 다시 생겼다. 출가 전 탈선으로 나는 세속적인 즐거움이 진정으로 일시적이고 영원하지 않다는 것을 확고히 깨달았다. 그와 반대로 불교 수행은 고 苦를 견뎌야 하지만 항시 지속적이고 깊은 안락과 마음의 해방이 있다. 그리고 이것은 매년 더 커진다는 것을 지난 8년 동안 경험했다. 출가 전 일시적 탈선은 출가의 결심을 더욱 단단히 해주었고, 출가하겠다는 결심에 대한 미련과 후회를 완전히 단절해주었다.

갖고 있던 고급 원목 가구들, 화려한 비단옷, 예쁘고 화려한 가죽 구두들과 멋진 물건들을 모두 정리하고, 필요한 옷만 간단하게 챙겨서 큰 여행용 가방에 넣고 절의 작은 방으로 옮겼다. 이렇게 세속적인 짐을 털털 털어버리고 절에 들어가니 마음도 가벼웠다. 그리고 3개월간 영화 스님이 주신 지침을 따라 절에서 생활하였다. 내가 마음의 준비가 되자 영화 스님은 "자, 이제 머리를 깎고 옷을 갈아입자"라고 하셨다. 한국의 출가식과는 달리 나의 출가식에는 많은 사람이 와서 축하해주셨다. 그동안 참선 교실에 왔던 학생들, 사업을 하면서 알게 된 지인들, 살사를 추는 친구들, LA 지역의 불자님 등 많은 사람이 이 즐거운 날을 함께할 수 있었다.(2020.6)

청화 큰스님과의
인연

미국에서 절에 다니며 처음 참선을 배우기 시작했을 때, 한국 불교에 대해서도 알고 싶었다. 한국에서 태어나서 자랐지만 살면서 참선을 배우거나 절에 주기적으로 다녀본 적이 없었기 때문에 한국인으로서 한국 불교를 조금이라도 알아야 할 것 같았다.

시간이 있을 때마다 유튜브나 인터넷에서 한국의 큰스님들에 관해 검색해보기 시작했다. 그러던 중 청화 큰스님의 법문을 유튜브에서 보게 되었다. 오래전 일이라서 정확히 기억나지는 않지만, 청화 스님의 법문을 보고 내용뿐만 아니라 여러 부분이 내가 읽은 선화 상인과 영화 스님의 법문 내용과 통한다고 생각했다. 그래서 영화 스님께 청화 스님의 유튜브 법문 링크를 보내드렸다. 영화 스님은 청화 스님은 매우 덕이 크고 좋은 스님이라고 하셨다.

그다음 해 참선 교실에 새로 온 백인 부부를 만났다. 이 백인 부부

중 아내는 심리치료사이고 남편은 엔지니어다. 이들은 일주일 내내 힘들게 직장을 다님에도 불구하고 토요일 새벽에 일어나서 2시간을 운전하여 노산사까지 왔다. 그 아내가 내가 한국인임을 듣고 물었다.

"다이아몬드 젠 센터라고 알아요? 한국 사찰인 것 같던데… 거기 가보았는데 아주 좋았어요."

문득 "젠"이라는 단어를 들은 나는 이 부부가 일본과 한국을 혼동했다고만 생각했다.

그리고 얼마 후 노산사에서 그 백인 부부를 다시 만났다. 나는 그 백인 아내가 어릴 때부터 기감이나 영적 세상에 대하여 밝다는 것을 알게 되었다. 이들 부부와 대화를 하다가 이런 이야기를 들었다.

이 부부는 노산사를 발견하기 전에 우연히 '다이아몬드 젠 센터'를 찾았다. 부부는 팜스프링으로 휴가를 갔다가 샌디에이고에 있는 집으로 돌아가던 중 고속도로에서 강하고 좋은 기운을 느꼈다. 이들은 "이게 뭐지?"라고 서로 묻고는 고속도로를 빠져나왔고, 느껴지는 기운을 좇아 가보니 '다이아몬드 젠 센터', 즉 금강선원이 있었다. 이 백인 부부는 인도에서 온 영적 스승으로부터 명상을 배웠는데 그가 나이 들어 세상을 떠난 후 다른 선생님을 찾고 있었다. 금강선원에 간 그들은 그곳에 계시는 스님에게 참선을 배울 수 있는지 물어보았으나, 당시 금강선원은 별도로 영어로 참선을 지도해줄 수 있는 여건이 안 된다고 했다고 한다.

이야기를 나누던 나는 이들 부부에게 물어보았다.

"그렇게 기운을 잘 느끼면 혹시 노산사의 기운과 비슷한 곳이 있었나요?"

백인 아내는 나에게 말했다.

"저번에 한국 사찰이라는 금강선원 기억해요? 그곳의 기운이 노산사와 같은 종류예요."

그 말을 듣고 금강선원에 관해 인터넷에서 검색해보았다. 이때 다이아몬드 젠 센터가 금강선원이며, 청화 큰스님의 사찰이라는 것을 알게되었다.

나는 아직도 금강선원을 처음 방문한 날을 잊을 수가 없다. 크리스마스 이브였다. 우리는 노산사에서 자동차로 1시간 반 거리에 금강선원이 있고, 이곳이 예전에 유튜브로 보여드린 청화 큰스님의 사찰이라는 것을 영화 스님께 말씀드렸다. 그때 옆에 있던 현순 스님이 "스님, 오늘은 크리스마스 이브인데 점심 식사를 마치고 함께 금강선원에 견학을 가보면 어떨까요?"라고 말했다. 영화 스님은 선칠 기간 동안 제자들과 매우 진지하게 정진하며 매일 법문하시기 때문에 설마 허락하시겠나 싶었는데, 갑자기 스님께서 너무 흔쾌하게 "그래, 우리다 가자!"라고 말씀하셨다.

영화 스님은 출가자와 재가자 제자들을 모두 이끌고 금강선원을 향해 떠나셨다. 청화 큰스님이 남긴 제자들이 궁금하다고 하셨다. 크리스마스 이브에 우리 17명이 모두 3대의 차에 나눠 타고 금강선원을 방문했다. 이후 영화 스님은 청화 큰스님이 남긴 다른 제자들도 보고 싶다 하셨다. 그런 이유로 나는 2016년과 2017년에 한국을 방문해서 여러 사찰을 돌아다니며 많은 스님과 수행자를 만날 수 있었고, 한국 불교와 수행 문화도 볼 수 있었다.

특히 청화 큰스님과의 인연 덕분에 수십 년간 수행 정진해오신 스님들과 재가 수행자들과 만나면서 불법 수행으로 생긴 경험과 통찰력, 지식은 공간과 시간, 문화를 넘어서 통한다는 것을 알게 되었다. 이런 이유로 불교에 대한 믿음은 맹목적인 종교적 믿음이 아니라 실제로 존재하고, 확인하고, 경험할 수 있는 진실임을 확인해가는 과정일 뿐이라는 것도 더욱 확신하게 되었다.(2020. 6)

수행으로 뚫린 아버지와의
30년간 관계

　　　　　　　　　다른 이들처럼 열심히 공부하고, 대학 가고, 좋은 직장을 얻고, 남자친구도 만들고 그렇게 살면 된다고 생각했다. 그런 것이 행복이라고 생각했다. 하지만 20대 후반 직장 생활을 하다 보니 남자친구가 아무리 잘해주어도 마음은 더 괴롭고, 우울하고, 화가 자주 치밀었다.

　나는 결심했다.

　'남들이 하라는 대로 따라서 다 열심히 했는데, 누구보다도 열심히 살았는데, 이렇게 그냥 직장 다니다가 결혼해서 만족스럽지 못한 삶을 받아들이고 살 수는 없다.'

　갑자기 회사에 사표를 내고, 그동안 직장에서 벌어 모은 돈과 퇴직금 등을 털어서 미국에 왔다. 왠지 주변의 수많은 친구, 지인, 가족과 떨어져 멀리서 홀로 있으면, 앞으로 내가 뭘 해야 할지, 뭘 하고 싶은지가 더 잘 보일 것 같았다.

하지만 마음속이 항상 괴로웠다. 가야 할 인생의 길을 찾고 싶었지만 무엇을 하면 좋을지 알 수가 없었다. 미국에 살면서 처음 몇 년 동안 나와 아버지의 관계도 점점 더 멀어졌다.

여러 가지 방법을 찾아보았다. 미국 노산사에서 참선을 배우기 시작해서 몇 달 되지 않아 영화 스님에게 이런 문제를 털어놓았다. 영화 스님은 계속 수행해서 선정의 힘이 생기면 아버지의 말과 행동이 내 마음을 괴롭히지 않게 될 것이라고 하셨다. 내가 변하면 아버지가 변하고, 아버지가 그 변화를 긍정적으로 받아들일 수도 있고, 부정적으로 받아들일 수도 있다고 설명해주셨다.

아버지가 내 변화에 어떻게 응할지는 알 수 없지만, 아버지로 인해 내 마음이 영향을 받지 않게 될 것이라는 말에 희망을 얻었다.

어느 날 참선하는 중 읽던『지장경』의 내용이 머릿속에 떠올랐다.『지장경』을 보면 부모를 위해 삼보에 공양을 올리는 대목이 나오는데, 갑자기 나도 아버지를 위해 무언가 해야 한다는 생각이 들었다. 아버지로 인해 마음은 괴로웠지만, 그래서 참선을 접하게 되었으니 고마운 마음을 가져야 한다고 생각했다. 그래서 아버지가 더 건강하고 행복하게 사실 수 있기를 바라면서 약사위패를 올렸다.

어느 날 아버지에게서 전화가 왔다. 그동안 거의 통화도 하지 않았는데, 아버지가 급한 성미로 말씀하셔도, 가부장적인 어투로 말씀하셔도 마음이 동요되지 않았다. 더는 마음이 괴롭지 않았다.

나는 많은 사람이 참선하고, 불법 수행을 하길 바란다. 불교를 안 믿어도 상관없다. 내가 경험한 확실한 방법은 참선이기 때문에 사람들에게 해보라고 권한다. 그래서 이 생에 한 명이라도 사랑하는 이와의 어려운 마음을 풀어낼 수만 있다면, 내가 버려야 하는 대가가 천 원이든 천만 원이든 아깝지 않다고 생각한다.(2016.6)

불법은 공짜다

　　　　　　　　　　미국 노산사에서 위산사, 금림선사, 그리
고 한국의 보산사까지 우리가 하는 모든 행사와 법회, 불칠과 선칠은
무료다. 영화 스님은 예로부터 모든 조사 스님도 모든 불법을 무료로
나눠주었다고 하셨다. 그래서 우리도 조사 스님들의 정신을 잇고 그
들의 선풍을 따라서 앞으로도 계속 그리 할 것이라고 말씀하셨다.

　가끔 용기 있는 분들은 이렇게 묻는다.

　"참여비를 아예 안 받으면 절 운영은 어떻게 되나요?"

　묻지 않는 분들도 이런 질문이 마음속에 있을 것이다. 사실 사찰을
운영하려면 건물 유지보수, 방송 장비, 사무용품, 전기세, 수도세, 인터
넷, 자동차, 주유비, 식재료비 등 생각보다 지출이 많다.

　나는 그런 질문을 들으면 그저 웃으며 농담처럼 이렇게 대답한다.

　"돈이 다 떨어지면 그냥 아무것도 하지 않으면 되죠."

　겉으로 보기에 대수롭지 않아도 한 사람의 인생을 완전히 변화시킬

수 있는 불법의 가치를 어떻게 책정할 수 있을까. 처음 참선과 불법을 접하는 사람은 그걸 아직 알지 못할 것이다. 그런데 참선 교실에 가격을 정해놓으면, 참선 교실의 가치가 그저 그 정도뿐이라고 생각할지도 모른다.

노산사에 다니기 시작했을 때, 나는 최선을 다해 새로운 참선 학생들을 도와주려고 하는 영화 스님 제자들의 순수한 마음을 보았다. 매주 토요일마다 채소를 사 와서는 점심 식사를 준비하여 참선 교실에 온 학생들에게 나눠주는 수행자들을 보았다.

영화 스님은 그들에게 고맙다는 말을 아낀다고 하셨다. 봉사자들에게 고맙다고 말해주면, 스님에게 칭찬을 듣기 위해 또는 인정을 받기 위해 봉사하게 된다면서 그냥 두셨다. 사람들은 다른 이들과 나눌 수 있다는 순수한 마음과 기쁨으로 그렇게 하였다.

나도 영화 스님과 이렇게 순수한 마음으로 나누는 사람들에게 감사를 표하고 싶었다. 당시 나는 홀로 사업을 시작한 지 얼마 되지 않아 주머니가 여유롭지 않았다. 그래서 영화 스님과 노산사에 어떻게 도움을 드릴 수 있을까 궁리하다가 맛있는 음식을 해서 나누면 되겠다고 생각했다.

당시 노산사에는 한국 사람이 거의 없었다. 나를 포함해서 한두 명뿐이었다. 한국 음식을 대접해드리고 싶었지만 한국 식당에 모시고 갈 수도 없었고, 주문해서 가져올 수도 없었다. 노산사는 계란도 먹지 않는 무오신채의 가풍이기 때문이다. 그래서 직접 한국 음식을 해서 스님도 맛보게 해드리고 다른 수행자들과도 나누고 싶었다. 후에 이를 '대중 공양'이라고 부른다는 사실을 알았다.

나는 인터넷으로 열심히 조사하고 연구해서 김치도 담그고, 한국식 만두도 하고, 잡채, 비빔밥 등도 했다. 실력도 별로 없고 경험도 부족하니 어떤 때에는 음식 맛이 별로일 때도 많았다. 지금 돌이켜보니 맛은 그저 그랬을 터인데, 노산사의 식구들은 고맙다고 하면서 맛있게 나눠 먹었다. 내가 요리할 때면 언어가 잘 통하지 않는 베트남계 사람들도 적극적으로 요리를 도와주고, 뒷정리를 해주었다. 영화 스님도 내가 그렇게 음식을 만들어 올리면 활짝 웃으시면서 "우리는 한국 음식도 맛볼 수 있으니 복도 많다"라고 하셨다.

그러던 어느 날 현계 스님이 나에게 "마트에서 장을 많이 보니까 부담스러울 것이니 장 본 영수증을 주면 비용을 돌려주라고 영화 스님이 말씀하셨어요"라고 말했다. 영화 스님을 처음 만나서 참선을 시작했을 때이니 나도 당시 주머니 사정이 매우 어려웠다. 다음 달은 과연 집세를 낼 수 있을까 하는 의문이 들곤 했을 정도였다. 스님에 대한 감사와 노산사에서 봉사하는 즐거움이 컸기 때문에, 비용을 돌려주시면 더 자주 절에 가서 공양간 일을 도울 수 있겠다는 생각에 거절하지 않았다.

수년이 지난 후 당시 사찰 재정이 무척 어려웠다는 사실을 알게 되었다. 그런데도 내가 장 보는 비용을 부담스러워한다는 것을 아시고, 내가 계속할 수 있게 돈을 돌려주셨다. 스님이 먼저 필요해서 장을 봐달라고 한 것도 아닌데 말이다. 지금도 그때를 떠올리면 눈물이 나오려고 한다. 보시하면서 기뻐하는 나에게 더 많이 할 수 있도록 조용히 용기를 북돋아주신 것이다.

영화 스님은 우리에게 늘 이런 이야기를 해주셨다.

"만약 승려가 사람들에게 뭐가 필요한지 말하거나 도움을 청하면, 그들의 보시나 공양으로 지을 수 있는 공덕과 복은 아주 작습니다. 이와 반대로 진심으로 우러나서 스스로 불전함에 기부금을 넣거나 사찰에서 봉사하고, 다른 이를 도우면 훨씬 더 큰 공덕과 복이 됩니다. 그런 까닭으로 승려는 사람들에게 먼저 도움을 구하거나 필요한 것에 대하여 말하거나 내색하면 안 됩니다."

그래서 스님은 사람들이 사찰에 와서 좋은 의도로 돕다가 실수하거나, 사소한 잘못을 저지르거나, 어지럽히거나, 시작한 일을 마치지 못하더라도 절대로 꾸짖거나 눈치를 주면 안 된다고 하셨다. 이들을 도울 수 있는 가장 좋은 방법은 마음을 편하게 해주고, 그들이 실수하거나 어지럽힌 것이 있다면 아무도 모르게 치우고 도와주는 것이다. 그것이 다른 이를 돕는 가장 좋은 방법이다. 그러면 그들도 다시 찾아와 복을 짓고 공덕을 쌓을 수 있는 더 많은 기회가 있을 것이다.(2016.9)

우리는 차별하지 않는다.
우리는 모두 다 껴안는다

8년 전 나는 영화 선사의 지도로 처음 불교 명상인 '챤 메디테이션'을 경험했고, 인생이 많이 변화했다. 혼자 빈손으로 시작하여 어려웠던 사업도 활발히 자라났고, 전화조차 하기 힘들었던 아버지와의 관계도 완전히 변했다.

이런 좋은 경험을 다른 이들과 나누고 싶어 참선 교실에 관한 소식을 '밋업(meetup.com)'이라는 앱으로 온라인에 올리고, 캘리포니아 LA 근교에 위치한 다우니시 윌더니스 공원에서 누구든 함께 참여할 수 있는 참선 모임을 시작했다.

처음으로 '공원에서의 참선(Chan Meditation in the Park)'을 시작했을 때는 내가 명상을 지도한다는 생각이 전혀 없었다. 다만 어떻게 지도하는 것이 좋은지 영화 스님이 끊임없이 섬세하게 조언해주서서 참선 교실의 학생들도 수행을 통해 많은 변화를 경험했다. 수행이 빠른 속도로 많은 이에게 큰 도움이 된다는 것을 강렬하게 느꼈다. 그래서 가까운 공원뿐 아니라 뉴욕, 라스베이거스, 산호세, 마이애미 등의 여러 도시와 캐나다, 콜롬비아, 쿠바 등의 나라에서도 크고 작은 참선 워크숍을 해왔다.

참선 워크숍을 알리기 위해 웹사이트(chanmeditation.net)를 만들고, 소셜미디어와 전단지를 통해 사람들에게 소식을 전했다. 워크숍에는 중남미인, 동양인, 백인, 흑인, 중국인, 중동인, 무신론자, 개신교인, 천주교인, 무슬림 등 다양한 사람들이 찾아왔다. 참선 교실에는 주로 30~40대의 직장인이 많이 오지만, 그 밖에도 2살부터 75살까지 연령대가 천차만별이다. 얼마 전에 나에게 전화해서 교회에 다녀야 천국에 갈 수 있다고 대화를 시작했던 기독교인조차도 수행을 통해 어떻게 내 인생이 변화했는지 들어보고는 참선 교실에 나오기 시작했다.

대부분의 사람들은 직장 스트레스, 사랑하는 사람과의 인간관계 문제, 건강 문제, 불안증 등의 문제가 있다. 특히 미국은 불안증과 우울증으로 약을 복용하는 사람이 매우 흔하다. 내가 여는 참선 모임에 오는 학생들은 이런 문제를 극복하고자 이미 마인드풀니스 명상, 티베트 명상, 카담파 센터, 인도식 명상, 호흡 명상 등을 해보고 오는 경우가 대부분이다.

예를 들어 30대 초반의 멕시코계 크리스티안은 불면증이 너무 심했는데 많은 종류의 명상법을 시도해봤지만 아무런 효과를 보지 못했다. 크리스티안은 양반다리도 제대로 못 할 정도로 몸이 뻣뻣했다. 나는 일단 반가부좌로 앉도록 하고, 불편하고 아파도 편안함을 찾지 말고 계속 앉도록 권했다. 반가부좌로 앉을 때 한쪽 무릎이 완전히 공중에 떠 있어서 겨우 바닥에 앉았지만, 크리스티안은 배운 그대로 집에서 매일 수행했고, 땀을 흘리고 아픔을 참아가며 수행했다. 꾸준히 수행한 크리스티안은 불면증이 많이 개선되었고, 집중력도 크게 향상되었다.

플로리다에 사는 브라질 출신의 마리사는 '아트 오브 리빙'이라는 인도식 명상으로 시작해서 지난 18년간 여러 명상 기법을 수행해왔다. 그녀는 처음 명상을 시작했을 때 너무 좋았지만 더 이상 진전을 보지 못했다고 한다. 명상할 때 항상 편하게 앉아서 평화롭고 좋은 기분을 느끼라고 배웠기 때문이다. 1년쯤 전에 나는 그녀에게 결가부좌 수행법을 소개하고 영화 스님의 『참선 지침서(The Chan Handbook)』를 선물했다. 얼마 전 플로리다에 출장이 있어서 만났는데, 너무 고마워하면서 물어보지도 않았는데 100달러를 나에게 보시했다. 그러면서 나에게 이렇게 말해줬다.

"지금까지 18년간 명상하는 동안 아무도 다리 아파도 참아야 한다고 말해준 사람이 없었어요. 믿을 수 없어요. 이렇게 수행한 후에 마음도 훨씬 더 차분하고, 머리도 맑고, 내 피부관리실에 오는 손님들도 내가 참선하는 날에는 다른 사람 같다고 알아차리더군요. 사람들에게 '챤 메디테이션'을 권하고 싶어요."

리즈는 미국 인디언 출신인데 아들과 함께 공원을 지나가다가 참선 모임에 참여했다. 그날 무릎 부상이 있다고 하였는데, 내가 그룹 전체에 하는 이야기를 듣더니, 스스로 노력해서 결가부좌를 해버렸다. 그날은 새로운 사람이 많아서 짧게 15분간 좌선을 했다. 그런데 좌선을 마친 후 그녀의 얼굴빛이 완전히 다른 사람 같았다. 리즈는 전에 비슷한 문제 때문에 무릎이 아프면 오랜 시간이 걸려야 회복되었는데, 같이 참선하고 계속 결가부좌 수행을 하니 무릎 문제가 훨씬 빨리 회복되었다고 했다. 그녀는 지금도 미국 인디언의 전통 종교를 믿지만, 내가 운영하는 참선 교실과 노산사에 정기적으로 와서 참선을 한다.

작년에는 캘리포니아 LA 근교의 피코리베라시(Pico Rivera)와 함께 매주 참선 교실을 운영하기 시작했는데, 참여하는 사람 가운데 약 90퍼센트가 중남미계 가톨릭 신자들이다. 이들 중 많은 학생이 반가부좌로 명상을 시작했고 이제는 결가부좌로 1시간 이상 앉을 수 있다.

서양 문화의 일반적인 명상법은 편히 앉아 평화롭고 좋은 느낌을 명상하며 즐기도록 지도한다. 하지만 우리의 참선 교실은 이런 명상법과 달리 불편함을 참고 견디며 조금씩 더 오래 앉아야 한다고 지도한다. 이에 따라 지도하는 선생님도 인내심을 갖고 많은 질문에 대답해주고, 안심시켜주고, 학생의 상태를 잘 살펴야 한다. 그에 대한 보상은 학생들에게도, 지도하는 선생님에게도 더욱 크다.

우리 모두는 살아온 환경과 문화가 다르지만, 인간의 삶에서 발생하는 문제와 어려움들은 다르지 않다. 이 사실을 알고 마음을 열어 함께 수행하니, 참선을 통해 어려움을 극복한 사람들은 처음 온 학생들을 독려하고, 그들로 하여금 참선 교실에서 마음 편히 지낼 수 있도록 돕는다. 가톨릭인, 무슬림이 주변 친구들에게 참선 교실에 함께 참여하자고 권장하는 일도 매우 흔하다.

나는 불교인, 너는 무신론자, 나는 수행에 관해 많이 아는 사람, 너는 아무것도 모르는 사람, 나는 동양인, 너는 서양인 등등의 이런 장벽을 완전히 허물어버리고, 사람의 마음을 곧장 가리켜 인종과 종교, 언어를 초월하여 모두와 함께 수행할 수 있다.(2019. 1)

1 2015년 콜롬비아 여행 중 콜롬비아 수도 보고타시의 보카니컬 가든에서
2 2014년 미국 시카고에서 출장 중
3 2015년 미국 다우니시 윌더니스 공원에서 현신 스님, 현가 스님과 함께한 특별 수업 후 단체사진

Part 1

4 2012년 미국 노산사 법당의 겨울 선칠. 처음 참석한 2012년의 겨울은 매우 추웠고, 노산사에는 난방 시설이 없었다.

5 2018년 영화 선사와 한국 미황사에서

6 2016년 미국 로키산맥. 사업하면서 미국의 여러 도시를 여행했다.

7 2016년 미국 노산사 새해 복 받기

1 2019년 10월 미국 위산사에서 출가하는 날. 참여한 모든 이가 기쁜 마음으로 함께하였다.

2 2019년 10월 출가식 중 영화 스님께 가사를 받았다.

3 2019년 겨울 선칠을 마치고 서주 스님, 월인 스님과 함께 청화 큰스님이 설립하신 미국 금강선원을
　방문했다.

4   2015년 미국 노산사 정토 법회. 아미타경 염송과 아미타불 염불
5   2015년 노산사에서 현신 스님과 함께. 현신 스님은 출가 전부터 나의 도반이자 친구였다.
6   2020년 미국 LA 그리피스 파크 할리우드 사인을 배경으로

1 2016년 미국 LA 컨벤션센터. 요가박람회에서 참선(찬 메디테이션)을 소개했는데, 50명이 넘는 사람들이 참여했다. 미국에서도 명상, 요가, 참선과 같은 영적 수행이 큰 관심을 얻는다.

2 2017년 공원에서 참선 모임. LA 지역은 날씨가 항상 화창해 매년 여름 공원에서 참선 모임을 했다.

3 2018년 뒷마당 참선 모임. 집을 마련한 후 꾸준히 수련하는 학생들과 함께 매달 한 번씩 뒷마당에 모여 참선하였다.

4 2017년 지은 지 100년 된 폐허에 가까운 교회에 자리잡은 미국 위산사(Wei Mountain Temple)

중요한 것은 먼저 어떻게 선정의 힘을 키울 수 있는지
그 방법을 찾는 것이다. 선정의 힘을 키우면,
우리가 하고 있는 일 이외의 다른 일에 방해받지 않고,
일관적으로 집중할 수 있다.

PART 2

결가부좌 수행

부처님께서 깨달음을 얻을 때 결가부좌를 했다고 하여 불가에서는 흔히 이 자세를 '여래좌如來坐'라고 하며, '연화좌蓮花坐'라고도 한다. 한국 명상 수행자들이나 요가 하는 분들은 '항마좌降魔坐', 즉 오른발을 먼저 왼쪽 허벅지에 놓고, 왼발을 그 위에 덮는 자세를 많이 사용한다.

영화 스님은 제자들이 왼발을 먼저 오른쪽 허벅지에 올리고, 오른발을 그 위로 덮는 '길상좌吉祥坐'로 수행하도록 지도하신다. 어떤 사람들은 결가부좌의 다리 방향을 바꿔가면서 하는데, 이것도 권장하지 않는다.

결가부좌를 하면 먼저 다리에 피가 통하지 않다가 기 순환이 점점 강해져서 1시간 이상 앉으면 갑자기 저림이 사라지면서 기혈 순환이 더욱더 강해진다. 그런데 방향을 계속 바꾸면서 앉으면 기 흐름이 잘 흘러가는 방향에서 반대로 바뀌어야 하기 때문에 좋지 않다.

결가부좌가 불가능할 정도로 몸이 굳은 사람들도 많다. 이런 사람들은 반가부좌로 시작해서 시간을 점차 늘리기를 권장한다. 특히 서양인들은 좌식 생활을 하지 않아 양반다리로 바닥에 앉는 것조차 어려운 경우도 많다. 이런 경우 왼발을 오른 허벅지에 올리는 반가부좌로 시작한다.

반가부좌로 최대한 오래 앉도록 권장하고, 본인이 가장 오래 앉을 수 있는 시간에서 매일 1분, 2분씩 시간을 늘려갈 수 있도록 한다. 반가부좌로도 1시간 이상 앉으며 다리가 아프고 저리는 최고로 아픔 고비(Pain Barrier)를 넘기는, 다리 저림과 불편함이 갑자기 사라지면서 기 순환이 빨라지는 단계를 거친다. 이렇게 몸을 수련하면, 앉은 자세에서 무릎이 천천히 바닥 쪽으로 내려간다. 이런 사람들은 후에 결가부좌 자세에 더욱 쉽게 도달할 수 있다.

캘리포니아 노산사에서 처음 참선을 배울 때, 영화 스님은 결가부좌의 이로운 점들에 대한 설명을 많이 하셨다. 어릴 때부터 식탁과 소파 생활을 한 나는 그냥 편한 양반다리로 30분 앉는 것도 매우 불편했다. 그런데 스님은 제자들에게 결가부좌로 1시간 이상은 편히 앉도록 수행하라 하시니, 나에게는 불가능한 일이라고 생각하였다. 처음 결가부좌를 시도했을 때 2분을 버티지 못했다. 요즘 수행하고 싶다며 찾아오는 사람들 가운데는 처음부터 쉽게 30분, 1시간, 2, 3시간 앉을 수 있는 분들도 많다. 하지만 나에게 결가부좌는 정말 쉽지 않은 도전이었다.

열심히 노력해서 편히 30분 이상 앉을 수 있게 수련했는데도, 선칠 수행 동안은 하루 10번 이상 앉아야 하니, 며칠이 지나면 다리가 저리고 아픈 것이 쌓이고 쌓여서 10분만 되어도 버티기 어려운 상태가 되었다. 결가부좌로 앉기 시작했을 때 첫해에는 왼쪽 발등과 발목 부분이 말도 안 되게 아팠다. 요즘 많은 사람을 대상으로 참선 수업을 해보니, 상당수가 이와 비슷한 문제를 나에게 호소했다.

처음 결가부좌를 하는 사람들에게는 이런 현상이 매우 불편하고, 무서울 수 있다. 왼발을 먼저 오른쪽 허벅지에 올리는 결가부좌 자세에서는 왼쪽 발등에 압력이 제일 많이 몰린다. 나는 처음 선칠 수행에 참여한 후 이런 아픔과 불편함을 영화 스님에게 여쭤보았는데, 계속 앉으면 없어질 거라고 하셨다. 그래서 앉고 또 앉았다. 휴대전화로 영화 보면서도 앉아보고, 이어폰 끼고 만트라 들으면서 앉아보고, 여러 가지 방법을 총동원해서 아픔을 잊고 앉아보려 애를 썼다.

어느 날부터 갑자기 왼쪽 발목의 통증이 완전히 없어졌다. 그다음 해에 선칠에 다시 도전하니 발목은 아프지 않고, 무릎이 아프기 시작했다. 선칠 동안 쉬지 않고 매일 열심히 앉으니 아픈 무릎 부위가 결가부좌를 풀고 평소에 걸어 다닐 때도 아팠다. 또다시 걱정이 되기 시작했다. 그래서 다시 영화 스님에게 물어봤다.

"결가부좌를 풀어도 계속 아프니 걱정인데 괜찮을까요?"

영화 스님은 이렇게 말씀했다.

"걱정하지 말고 계속 앉으면 나중에 없어지니, 편한 마음으로 계속 열심히 해봐요."

그렇게 또 매일 앉고 또 앉았다. 한번은 너무 아프고 억울해서, 법당에 많은 사람이 모여 참선하고 있는데 30분 넘도록 계속 울었다. 옷깃 스치는 소리도 들리는 그 조용하고 고요한 참선방에서 소리 내며, 엉엉 통곡하며 울어버렸다. 다리를 풀지 않고 계속 울었다. "아픔이 가버리지 않아. 계속 아파"라고 혼잣말하며 참선을 마치는 종이 울릴 때까지 울었다.

그렇게 계속 앉고 또 앉았다. 그리고 그다음 해에 선칠이 시작되었다. 계속 앉으니 45분까지 편하게 결가부좌로 앉는 것은 쉽게 되었는데, 45분 정도 지나면 그 고통과 불편함이 말로 표현하기 어려울 정도로 심했다. 영화 스님 말씀으로는 1시간이나 1시간 반 이상 안 풀고 앉으면 아픈 고비를 넘을 수 있다던데, 아무리 생각해봐도, 계속 앉아보아도, 정말 그럴까 하는 생각이 들었다. 50분이 지나면 1초 1분이 엄청 길게 느껴졌다. 오늘 50분, 내일은 51분, 그다음 날은 52분, 이를 악물고 견뎌서 겨우 1시간을 넘겼다. 1시간을 넘게 앉으니 어느 순간 모든 아픔과 저림이 사라졌다. 아픈 고비를 드디어 넘긴 것이다.

수년 전에는 선칠 기간 동안 3일 물 단식(하루에 딱 맹물 1잔만 먹는 단식)을 하였다. 3일 단식을 마치는 날 영화 스님이 나에게 지금까지 앉은 것보다 오래 앉으라고 하셨다. 단식으로도 이미 충분히 기운도 없고, 힘들고, 괴로웠지만, 영화 스님이 하라고 하시니 안 할 수가 없었다.

1시간 정도 앉았을 때 점심시간이 되어서 사람들이 모두 공양간으로 나갔다. 영화 스님이 점심을 아주 짧게 드시고, 먼저 법당으로 들어오셨다. 마음속으로 '아, 이제 도저히 안 되겠다. 다리 풀면 안 되겠지? 그래도 아, 진짜 못 하겠어'라고 생각하고 있었는데, 스님이 들어오신 것이다. 스님이 오셨으니 풀 수도 없었다. 내가 아픈 곳에 신경을 쓰지 않게 하려고, 스님이 이런저런 이야기를 해주셨다. 결가부좌를 하고 1시간 30분 정도 되었는데, 기혈이 아주 강하게 등으로 흘러 올라가기 시작했다. 척추 아랫부분이 마치 쇠꼬챙이가 올라가는 것처럼 아팠다. 살짝 움직이기만 해도 소리를 질러야 할 정도로 고통이 심했다. 너무 아파서 스님이 하시는 말씀이 귀에 들어오지도 않았다. 머리가 시끄러울 뿐이었다. 그래서 스님께 말했다.

"진짜 죄송한데, 조용히!"

그리고 계속 버텼다. 1시간 40분이 지나서 스님께 다시 말했다.

"스님, 이제 풀어도 될까요?"

"아직 안 돼. 좀 더."

나는 너무 아파서 신음을 하면서 몇 분 더 버텨보다가 말했다.

"스님, 이제 진짜 안 되겠어요."

"조금만 더."

그러다가 1시간 45분 정도 되어서 다리를 풀었다.

그런 나를 보고 영화 스님은 말씀하셨다.

"다행히 다음 단계에 도달했구나."

그날 아픔을 참으면서 앉은 후, 머리가 빈 것처럼 가볍고 마음이 편안했다. 법문 시간에 영화 스님이 하시는 말씀이 머리에 남지도 않고 그냥 휙 지나가버렸다. 법문 시간이 끝나고 나면 무슨 말씀을 하셨는지 아예 기억도 나지 않았다. 몸도 마음도 매우 편안해졌다.

여러 해 동안 결가부좌 수행을 하면서 여러 가지 문제들이 생겼고,

이 문제들이 걱정되어 영화 스님에게 많은 질문을 했다.

반가부좌로 하면 참선이 더 깊이 잘되는 것 같은데 그냥 반가부좌로 할까요? 결가부좌로 앉으면 5분도 안 되어서 풀어야 하고, 머리가 시끄러워서 참선하는 것 같지도 않아요. 결가부좌를 풀어도 계속 무릎이 아파요. 이러다가 발목이 잘못되지 않을까요? 이제 허리가 아파요. 풀어도 아래 척추 부분이 쏴아 하고 간질간질하는데 혹시 무슨 문제가 되는 것은 아닐까요?

지금도 참선 교실을 하면 많은 사람이 결가부좌에 관해 이런 비슷한 질문들을 한다. 또 한국에 있는 수행자들은 결가부좌를 해서 잘못된 사람도 많이 있다고 걱정하는 사람도 많다. 그렇기 때문에 수행의 경험이 많고, 많은 사람을 지도해본 사람을 찾아서 질문하고 점검받는 것이 중요하다. 또 개인에 따라 조건, 상태, 건강 등이 다르기 때문에 각 케이스별로 지도받는 것이 가장 좋다.

참선과 수행을 지도할 때, 머리의 지식과 이론으로 판단해서 대답하면 안 된다. 지도자가 얼마나 오랫동안 수행을 했는지, 얼마나 유명한 사람인지도 중요하지 않다. 지도하는 자의 수행의 힘이 얼마나 큰지, 선정의 레벨이 얼마나 높은지 그것이 중요하다. 선정의 레벨이 높이 올라간 사람일수록 상대를 보기만 해도 그 사람의 마음과 몸의 상태를 더 명확히 판단할 수 있다.

어떤 사람은 실제로 건강에 큰 문제가 없는데 마음속에 걱정이 일어나서 그 걱정을 사실로 믿고 결가부좌를 하지 않으려고 한다. 또 어떤 사람은 실제로 몸 상태가 너무 안 좋아서 결가부좌를 심하게 밀어

붙이면 안 되는 경우도 간혹 있다. 사람의 마음은 불편한 것을 피하려는 경향이 있어, 경험 많은 사람이 지도해주지 않으면 결가부좌 수행은 쉽지 않다.

아주 특별한 몇몇 경우를 빼고는 결가부좌를 하면 다리도 더 튼튼해지고, 마음도 더 편안해지며, 많은 육체적, 정신적인 문제를 해결할 수 있다. 결가부좌를 생활화하면 기혈이 잘 순환되어 몸이 저절로 유연해지며, 많은 질병도 사전에 예방할 수 있다.(2019. 1)

직지인심直指人心, 불립문자不立文字

　　　　　　　　처음 참선을 배우기 시작했을 때 토요일 아침 무료 참선 교실과 법문을 매우 좋아했다. 영화 스님이 해주시는 법문에는 보통 현실적인 이야기가 많이 오고 간다. 난해하고 어려운 불교 용어를 이론적으로 설명하지 않으시고, 항상 일상생활에서 쓰는 간단한 언어로 설명해주신다. 영화 스님은 법문 시간에 우리가 살아 가면서 닥치는 직접적인 문제를 많이 다루시고, 이를 통해 우리는 수행과 불법을 쉽게 이해할 수 있었다. 각 수행자의 조건, 상태, 문제에 따라 스님은 대답을 달리하고, 대답하는 방법과 지도해주시는 수행 방법도 달리하셨다.

　처음 몇 년 동안은 법문을 들으면서 이것이 불교식 법문이란 것도 잊었다. 영화 스님이 불교 승려라는 것도 잊고 있었다. 그렇게 수행하고 법문을 들으면서 자연스럽게 내가 스스로 겪는 여러 문제와 마음에 더욱 집중할 수 있게 되었다.

제일 먼저 수행이 어떻게 건강을 되찾게 하고, 스트레스를 줄이고, 정신을 맑게 하는지를 알게 되었다. 영화 스님은 참선, 명상, 요가, 기공 등의 모든 수행의 목표는 삼매에 드는 것이고, 수행의 힘을 키우는 것이 중요하다고 강조하셨다. 이렇게 스님은 불교를 믿는 것이 중요하다고 강조하기보다 수많은 방편을 사용하여 내 번뇌를 보게 하셨고, 지혜를 열도록 이끌어주셨다.

영화 스님은 매년 여름과 겨울에 하는 선칠 수행 기간 중에는 매일 저녁 하루도 빠지지 않고 법문을 하신다. 약 7년 전에 처음 참여했을 때만 해도 노산사의 겨울 선칠 수행에는 오는 사람이 많지 않았다. 예불에 오는 것을 즐기는 할머니들 가운데 일부는 예불을 완전히 중지하고 하는 선칠 수행을 못마땅하게 생각하기도 했다. 당시에는 선칠 수행 기간 중 점심시간에 영화 스님을 포함해서 5명 정도뿐인 날도 있었고, 주말에 사람들이 더 많이 온다고 해도 15명 정도면 많이 모였다고 할 정도였다. 그럼에도 불구하고 영화 스님은 선칠 기간 중 매일 저녁에 하시는 법문 시간에 사람이 많든 적든 한결같이 성심성의껏 법문을 해주셨다.

처음 참선과 수행을 시작하며 배운 것은 다른 사람들의 일에 신경 쓰지 말고 그냥 두라는 것이다. 다른 사람이 와서 법당에 다리를 뻗고 앉아도, 점심을 먹고 음식을 남겨버려도, 설거지를 하지 않아도, 예의가 없어도 아무 말도 하지 말라고 하셨다. 스님 당신이 이 절의 선생이니, 우리 수행자들은 스스로의 번뇌와 마음을 살피라고 지도해주셨다. 우리가 큰 지혜가 생기기 전에 남의 잘못을 지적하고 간섭하는 것은 그 사람에게도 우리에게도 도움이 되지 않는다 하셨다.

　수행을 시작한 지 얼마 되지 않은데다 워낙 화가 많고 성격 급한 나로서는 쉽지 않은 일이었다. 특히 한국 사람들은 문화적으로 옳고 그른 것이 무엇인지, 어떤 것이 예의에 맞고 맞지 않는지를 배우면서 자랐기 때문에, 이런 상황 때문에 번뇌가 더 많이 생겼다.

　'아, 저러면 안 되는데, 왜 저 사람은 법당에서 자꾸 시끄럽게 부스럭거리지?'

　'절에서 밥 먹고 음식을 남기는 것이 아닌데….'

　한국 사람인 나도 이런 고질병이 있었다.

　그러다 어느 날 내가 다른 사람에게 버럭 화를 낸 일이 있었다. 어떤 중국계 할머니가 잔소리가 심했는데, 참고 참다가 버럭 화를 냈다. 언어가 잘 통하지 않았지만, 영어를 조금 이해하는 그 중국 할머니에게 이렇게 말했다.

　"마스터 스님이 말씀하길 다른 사람이 잘못해도 뭐라고 하지 말고 두라고 했는데 왜 쫓아다니면서 맨날 잔소리하나요? 그냥 좀 내버려둘 수 없어요?"

　바로 그때 영화 스님이 공양간에 들어오다가 상황을 목격하셨다. 내 생각에는 많이 참다가 결국 그랬으니 정당한 일이었지만, 한편으로는 화를 참지 못해 그렇게 목소리를 키웠으니 창피했다. 나는 속으로 이렇게 생각했다.

　'스님한테 혼나겠다. 어떻게 하지?'

　그런데 영화 스님은 마치 그 광경을 보지 못하신 것처럼 다른 이야기만 하시고 법당으로 가셨다. 스님을 좇아서 법당으로 가는데, 갑자기 스님이 뒤를 돌아보며 조용히 나에게 이렇게 말씀하셨다.

"번뇌는 저 할머니한테 일어났는데, 왜 너도 번뇌가 일어났느냐?"

갑자기 내 마음속에서 '아하!' 하면서 번뜩 이해가 됐다.

'그저 저 할머니가 번뇌가 있어 나에게 잔소리를 한 것뿐이구나. 내가 거기에 대해 번뇌를 일으키지 않고 가만히 있으면 되는 것이구나. 내 마음에 번뇌가 일어났으니, 저 할머니 문제가 이제 내 문제가 되어 버렸구나.'

그렇지만 다음에 그 할머니가 또 잔소리를 하면 내 마음에 번뇌가 일어났다. 하지만 스님 말씀이 떠올라 아무런 말도 하지 않고 참고 또 참으면서 내 마음속을 살펴보면서 계속 앉고 앉으며 참선할 수 있었다. 어느 날 그 할머니가 잔소리를 했는데, 마음속에 아무런 번뇌가 일어나지 않아 마음이 고요했다. 나는 그 잔소리하는 할머니에게 미소를 지으며 이렇게 말할 수 있었다.

"오케이, 그렇게 할게요!"

영화 스님의 짧은 한 말씀이 씨앗이 되어 수행하면서 내 마음을 들여다볼 수 있었다. 내 마음의 잘못을 직면하는 것이 제일 어려운 일이니, 나보다 지혜로운 스승을 찾는 일도 매우 중요하다. 특히 지난 몇 년간 참선 교실을 하면서, 수행을 지도하는 선생의 역할이 얼마나 중요한지 더욱 크게 느낀다.

번뇌가 마음에 일어나면, 머릿속이 검은 구름이 낀 것처럼 되므로 명확하고 정확하게 판단하기가 어렵다. 수행을 통해 내 마음속의 번뇌를 살피고, 남의 잘못을 보는 대신 내 마음속을 들여다볼 수 있도록 도와줄 수 있는 선지식을 찾으면, 10년, 30년 또는 여러 생에 걸쳐 수행하여도 어려운 길에 더 빨리 도달할 수 있도록 도와줄 수 있다.(2019. 3)

길게 앉아야
선정이 생긴다(구좌생선久坐生禪)

2019년 3월 초에 미국 동부 워싱턴과 뉴욕에 박람회가 열려서 출장을 갔다. 워싱턴과 뉴욕 박람회 일정이 겨우 일주일 정도 간격이어서 워싱턴 박람회에 참가한 후 LA로 돌아가지 않고 바로 뉴욕으로 향했다. 그리고 그 시간을 활용해 일주일간 뉴욕 여러 곳에서 매일 저녁 참선 워크숍을 준비했다.

뉴욕 맨해튼 월스트리트, 미드타운, 브루클린, 퀸스플라자, 플러싱 등 여러 장소에서 참선 워크숍을 했는데, 가장 인상이 깊었던 곳은 뉴욕 조계사다.

뉴욕 조계사는 맨해튼 어퍼 웨스트사이드인 42W 96번가에 있다. 조계사 문으로 나와서 한 블록만 걸어가면 센트럴파크가 있고, 전철역도 있다. 사찰의 위치가 무척 좋아 편리했다. 매일 스님들과 센트럴파크에서 산책하는 것도 좋았지만, 더욱 좋았던 것은 많은 한인 청년이 도암 스님의 지도에 따라 절 수행, 예불 등에 적극 참여하고 있다는 것이었다. 도암 스님은 이미 여러 청년과 신도들을 잘 지도하고 계신데도 불구하고, 당시 재가자인 나도 참선 워크숍을 할 수 있도록 장소를 허락해주셨다.

나는 토요일 오후에 조계사에서 첫 워크숍을 열었다. 한인 청년회에서 많이 참여했고, 『중앙일보』에서 보도한 기사를 보고 온 한국인도 있었으며, 인터넷 앱인 밋업(meetup.com)과 이벤트브라이트(Eventbrite)에 올려놓은 이벤트 내용을 보고 찾아온 사람들도 있었다. 참가인은 총 15명이었는데, 한국인을 비롯해서 본토 미국인, 터키인, 인도인, 브라질인 등 다양한 국적과 민족이 참가했다.

나는 첫 워크숍인만큼 LA 노산사의 영화 스님으로부터 배운 대로 바른 자세부터 지도했다. 결가부좌 지도는 많은 경험 없이는 매우 어려운 일이다. 사람들이 많은 질문을 하는데다, 결가부좌를 잘못하면 다칠 수 있고 위험하다고 생각하는 사람들도 있기 때문이다. 억지로 결가부좌를 하기 위해 힘을 주면 좋지 않지만, 결가부좌 수행을 하는 동안 아프고, 저리고, 불편한 감각을 참는 것이 좋다. 그렇기 때문에 지도해주는 선생님과 함께하면 더욱 좋다. 사람들 대부분은 결가부좌를 처음 하기 때문에 무서울 수 있지만, 경험이 많은 사람이 봐주면서 어떤 느낌은 괜찮고 걱정할 것 없다며 안심시켜줄 수 있기 때문이다.

다리는 왼발이 먼저 오른쪽 허벅지 위로 가도록 하고, 그다음 오른쪽 발로 덮어서 앉는 길상좌 자세를 취한다. 그리고 단전에 집중하며, 호흡은 바꾸지 않고 코로만 쉬고, 손은 비로자나 수인으로 놓고 모두 앉았다. 놀랍게도 15명 중 9명이 결가부좌를 할 수 있었다. 첫날인데도 불구하고 15명 중 5명은 결가부좌를 풀지 않고 1시간 이상 참선할 수 있었다.

한국인 체형이 결가부좌에 맞지 않는다는 소문은 근거가 없다. 지금까지 수천 명이 결가부좌를 할 수 있도록 지도해왔는데, 한국인만큼 결가부좌를 쉽게 잘하는 민족을 보지 못했다. 또한 다리가 짧거나 두꺼우면, 체중이 많이 나가면 더 앉기 어렵다는 말도 근거가 없다. 비쩍 말랐는데 결가부좌를 너무 어려워하는 사람들도 많고, 통통하고 다리가 짧아도 처음부터 결가부좌를 편하게 할 수 있는 사람도 많다.

특히 조계사에서 도암 스님의 지도로 절 수행을 해온 청년들은 몸의 기혈 순환이 좋아서 그런지 결가부좌로 쉽게 1시간 이상 앉을 수 있었다. 또 결가부좌로 오래 앉는 것이 얼마나 몸과 마음에 좋은 일인지도 금방 이해했다. 조계사 청년회를 이끌고 있는 한 젊은이는 결가부좌로 길게 앉는 것이 3천배보다 어려운 것 같다고 이야기했다. 또한 결가부좌 수행이 어려운만큼 우리의 건강과 수행에 더욱 유익하다는 것도 바로 이해했다.

처음 결가부좌로 앉으면 다리가 매우 불편하고, 저리고, 마음이 시끄럽게 느껴진다. 그런 마음의 요동에 바로 반응하지 않고 단전에 집중하면 바로 그것이 선정이다. 그 상태로 1시간 넘도록 앉아 '아픔 고비(가장 심하게 아프고 풀고 싶은 고비)'를 돌파하면, 우리의 마음이 불편한 상황이나 어려움에 어떻게 반응하고 작용하는지를 경험으로 배우게 된다.

뉴욕 조계사에서 한 토요 참선 워크숍이 끝난 후 꽤 많은 사람이 남아서 질문을 했다. 어떤 사람은 처음 1시간 앉아 있는 동안 토할 것 같은 증상을 느꼈다고 했다. 나는 이런 증상은 매우 흔히 있는 일이며, 실제로 구토를 하더라도 계속 앉는 것이 좋다고 이야기해줬다. 보통 결가부좌 수행을 시작하면 단전에 기운이 많이 쌓여 소화 기능부터 좋아진다. 그분이 나중에 하는 말이 사실 본인의 소화 기능에 문제가 좀 있다고 했다. 그리고 한 청년은 좀 늦게 도착해서 결가부좌 20분을 시도했는데, 스트레스 등으로 생긴 어깨 긴장과 결림이 갑자기 풀렸다고 했다.

참선 워크숍은 토요일 오후 2시 반에 시작했는데 많은 사람이 배우고자 하는 열정이 강하고 질문이 많아서 늦은 저녁까지 함께했다.

토요일 참선 워크숍이 큰 호응을 얻어서 우리는 일요일 저녁에도 모여 앉기로 했다. 일요일에 모인 사람들에게 토요일의 수행 경험에 대해 물어보았다. 어떤 사람은 아침에 온몸에 땀을 흘리면서 일어났다고 하였고, 어떤 사람은 손바닥과 발바닥에서만 땀이 나고 열이 났다고 했다. 한 사람은 화장실에서 쾌변을 했다는 이야기도 해줬다.

일요일 저녁에는 첫날과 달리 앉기 시작하자마자 한 사람도 빠지지 않고 결가부좌를 하였고, 거의 움직이거나 소리도 내지 않고 1시간을 앉았다.

나는 화요일에 LA로 돌아가야 했는데 그전인 월요일에 한 번 더 함께 앉기로 했다. 참여자들은 대부분 바쁘고 힘든 직장 생활을 하는 젊은이들이었지만 월요일 저녁에도 7명 이상이 참여했다. 어떤 참여자는 퇴근이 늦어서 8시에 도착했는데도 결가부좌를 하고 40분 이상 앉았다. 몇 명은 거의 2시간 동안 다리를 풀지 않고 앉아 있었다.

우리가 수행을 통해 선정의 힘을 키우면 자연스럽게 몸과 마음의 병이 치유되고, 긴장과 스트레스도 풀리고, 마음의 번뇌도 줄어든다. 수행을 편한 자세로만 시작하면 마음을 하나로 모아 몰입하고 싶을 때 많은 장애를 겪는다. 튼튼한 기반이 없이 고층빌딩을 지을 수 없는 것처럼, 우리의 수행도 튼튼한 기반이 있어야 선정의 힘을 끊임없이 키워나갈 수 있다. 화두를 하더라도 마음이 모두 화두 하나로 모여야 하는데, 앉은 자세가 불편해서 마음에 번뇌가 올라오면 화두 하나로 마음을 모으지 못하게 된다. 결가부좌로 몸을 다지고 수련하면, 수행의 기반을 강하게 다질 수 있다.(2019.5)

참선을 처음 배우는 사람들에게 결가부좌를 권장하면 워낙 어려운 자세이다 보니 질문을 많이 하고, 어떤 경우에는 강하게 저항하기도 한다. 내가 만약 경제적 이익을 위하여 참선을 지도했다면 결가부좌를 지도하기 어려웠을 것이다. 그럼에도 불구하고 이렇게 결가부좌를 강조하는 이유는 그만큼 사람들에게 이롭기 때문이다.

어떤 사람들은 내가 자세에 집착하는 것이 아니냐고 묻기도 한다. 체형이나 체질에 따라 결가부좌가 맞지 않다고 주장하는 사람도 있다. 또 한국 사람들은 한국인 체형은 다리가 짧고 두꺼워서 이 자세를 하기 어렵다는 말을 자주 한다. 노인들의 경우 나이가 들어서 육체적으로 어렵다고 말한다. 어떤 사람은 나이가 많아서 어렵고 할 수 없다고 단정 짓고, 어린 애들을 시키면 쉽게 잘할 것이라고 말한다.

그런데 참 이상한 일이다. 실제로 지난 몇 년간 사람들을 지도해보니 그렇지 않았다. 결가부좌로 앉는 것을 강조하는 이유는 정말로 이 자세만큼 튼튼하고 강력한 자세가 없기 때문이다. 지도하는 선생님은 결가부좌로 지도할 수도 있고, 또 절 수행, 설법, 만트라 등 여러 다른 방법을 사용해서 사람들을 지도할 수 있다. 하지만 길고 멀리 가는 데 결가부좌만큼 좋은 것이 없기 때문에 권장하는 것이다. 수행을 배우고자 하는 학생들의 마음에 분별이 있기 때문에 "자세에 집착하는 것이 아니냐"라고 묻는 것이지, 지도하는 선생님이 분별하고 집착하는 것은 아니다.

미국에서 참선을 지도하다 보니 다양한 민족을 대상으로 경험을 쌓게 되었다. 사람들의 체형도 다양하다. 한국에서 뚱뚱한 사람이라고 여기는 기준보다 훨씬 더 뚱뚱한 사람도 지도해봤고, 덩치가 무척 크고 근육질인 사람도 지도해봤다. 미국에는 평생 바닥에 앉아 생활한 적이 없어 양반다리조차 하지 못하는 사람도 많다. 그에 비하면 한국인들은 상대적으로 결가부좌를 가장 잘한다. 결가부좌가 한국인 체형에 부적합하다고 생각하는 사람도 많아서 아예 시도도 해보지 않은 경우도 많다. 하지만 결가부좌의 이점, 앉는 요령, 근거 없이 위험하고 해롭다는 이야기들에 대해서 그렇지 않음을 잘 설명해주면, 한국 사람만큼 결가부좌를 잘하는 민족도 찾기 어렵다. 어떤 사람들은 한국인이 다리가 짧고 굵어서 하기 어렵다고 하지만, 다리가 길고 마른 서양인들보다 다리 짧고 굵은 한국인들이 훨씬 잘한다.

또 어떤 이들은 어린아이들은 유연해서 결가부좌가 쉽지만, 나이 많은 사람은 하기 어렵다고 생각한다. 사실 아이들은 단순해서 아프고 불편하면 바로 안 한다고 한다. 강제로 시킬 수는 없는 일이다. 그러니 나이가 많으니 앉기가 어렵고, 아이들이나 젊은 사람들을 시키면 잘할 것이라는 추측도 사실이 아니다.

노산사에는 놀랍게도 70대와 80대의 수행자가 많다. 더 놀라운 건 이들이 정말이지 열심히 수련한다는 점이다. 건강에 문제가 있는 분들이 많은데 이들은 동기가 강하므로 열심히 정진하고 수련한다. 젊은 사람들은 밖에서 여러 재미있는 취미 생활도 많이 하기 때문에 오히려 수행을 느긋하게 한다.

얼마 전에 시애틀에 사는 어느 한국인이 노산사에 찾아왔다. 나이가 79세인데 여러 명상과 호흡을 통해 건강이 크게 좋아졌다고 한다. 하지만 아직도 관절염과 두통이 있어 도움을 받으러 왔다. 이분은 노산사에 도착한 날 현순 스님의 지도로 바로 결가부좌 5시간에 성공했다. 노산사에서 일주일가량 지내면서, 손가락 관절염이 확 좋아져서 두께도 얇아졌다며 사람들에게 보여주었고, 지병처럼 있었던 두통도 많이 좋아졌다고 했다.

13년 전부터 노산사 공양간에서 매주 봉사하는 베트남계 중국인 할머니가 있다. 이 할머니는 법문은 듣지만 참선은 하지 않고, 계속 공양간 봉사만 했다. 참선이나 수행에는 관심이 없었다. 이제 나이가 70대이니 건강에 문제가 많아서 걷는 것도 힘들었다고 한다. 이분이 작년 겨울 선칠 수행 기간에 12일 동안 물 단식(하루 맹물 1잔만 마시고, 음식을 아예 먹지 않는 수행법)을 했는데, 그러고 나서 갑자기 결가부좌로 앉을 수 있게 되었다(경험 많은 지도자 없이 홀로 맹물단식하는 것은 권장하지 않습니다).

노산사에서 열심히 수행하는 사람들 중에 토니와 줄리라는 젊은 부부가 있다. 이들은 2년 전에 아들을 낳았는데, 영화 스님이 '알롱'이라고 이름을 지어주셨다. 알롱의 '롱'은 용龍의 중국식 발음이다. 그래서 우리는 영어로 "리틀 드래곤"이라고 별명처럼 부른다. 알롱이는 올해 2살이 되었는데, 매주 토요일에 하는 무료 참선 기초반에 엄마랑 온다. 올해 갑자기 스스로 결가부좌를 했다. 요즘에는 말도 잘 못하는데 법당 안을 다니면서 결가부좌 안 한 사람들을 손가락으로 가리키면서 하라고 보챈다. 그리고 법당을 누비고 다니면서 "나무 아미타불" 하고 외친다.

멕시코계 '아나 라우라'는 당시 3살이었던 '사비나'라는 어여쁜 딸을 데리고 참선을 배우러 노산사에 왔다. 몇 년 전 절에 온 사비나가 독감 증세를 보였다. 그래서 비구니 스님 한 분이 사비나에게 결가부좌를 시켰다. 아파서 눈물을 흘리는데, 결가부좌로 앉으면 빨리 나을 것이라고 잘 달래면서 앉도록 했다. 그날 사비나는 2시간 가까이 결가부좌로 앉았다. 독감 증세는 바로 없어졌다. 그날 이후 사비나는 스스로 매일 참선하게 되었다. 요즘은 법문을 들으면서 질문도 많이 한다. 아이들은 민감해서 참선을 통해 좋은 경험을 하면, 시키지 않아도 알아서 하게 된다. 아이들이니 아픈 것을 시키면 안 할 것이라는 편견을 버려야 한다. 어렵고 힘든 것을 시켜도 결과를 보여주면 하게 되어 있다.

수행의 목표는 무슨 방법을 사용하든 선정의 힘을 키우는 것이다. 삼매에 들고 선정의 힘이 커지면 그때부터는 아프고 어려운 수행이라도 사람들이 스스로 하게 되어 있다. 그만큼 결실이 크고 유익하기 때문이다.

오랜 세월 동안 수행해도 지속적인 진전과 변화가 없다면, 수행 방법에 어떤 변화를 줘야 할 때임을 알아야 한다. 지금 경험하는 작은 결과에 만족하지 않아야 한다. 그 수행법이 위빠사나든, 절 수행이든, 참선이든, 기도(예불) 또는 염불이든 모든 불법은 우리로 하여금 삼매에 들고 선정의 힘을 키울 수 있도록 디자인된 것이다. 그러니 심신의 변화가 없거나 정체하고 있다면, 다음 단계로 나아갈 수 있는 방법을 보여줄 수 있는 선지식 또는 현명한 스승을 찾아야 한다.(2019.6)

미국인, 콜롬비아인, 시리아인,
기독교인도 마음을 열게 하는 명상

　　　　　　　　　　지난 4년간 미국에서 영화 스님의 지도
하에 참선 교실을 운영하면서 많은 우여곡절을 겪었다. 장소가 미국
이기 때문에 참선 교실에 찾아오는 학생들도 참으로 다양하다. 학생
들의 민족, 종교, 나이도 천차만별이어서 백인, 흑인, 중동인, 중남미인
등의 여러 민족과 천주교, 이슬람교, 심지어는 미국 인디언 부족의 종
교를 수행하는 사람도 와서 함께 참선한다.

　우리는 학생들에게 참선의 자세 중 가장 으뜸이라는 결가부좌 자세
를 권장하는데, 미국인들은 대부분 입식 생활을 하다 보니 바닥에 양
반다리로 앉기 어려워하는 경우가 많다. 평평한 바닥에 양반다리로
앉으려면 무릎이 완전히 공중에 뜨는 경우도 있고, 한쪽 발이 반대쪽
허벅지 위로 아예 못 올라갈 정도로 몸이 뻣뻣한 사람도 많다. 이런 사
람들에게 바닥에 앉으라고 하면 매우 아프기 때문에 다칠까 봐 무서
워하는 사람도 많다. 그렇기 때문에 참선을 지도하는 사람이 학생들

을 안심시키기도 하고, 달래기도 하고, 야단치기도 하면서 결가부좌에 도달하도록 차분하게 지도해야 한다.

많은 한국인이 쉽게 반가부좌로 앉을 수 있고, 상당히 많은 사람이 처음부터 결가부좌로 앉을 수 있는 것과 달리 미국에서는 많은 학생들이 결가부좌 자세에 도달하는 데 많은 시간과 노력이 필요하다. 어떤 경우에는 결가부좌로 앉게 하는 데 몇 달 이상 걸리기도 한다. 또 이런 어려움 때문에 중도 하차하는 학생도 많아서 지도하는 데 많은 인내가 요구된다.

모든 참선 교실은 무료로 하는데, 보시 문화가 있는 한국과는 달리 자진해서 기부금을 내는 학생도 거의 없다. 영화 스님은 남을 돕고 싶다면 내가 먼저 손해를 보아야 한다고 가르쳐주셨다. 그래서 나는 배운 대로 내 돈과 시간을 들여 다른 이들의 불평과 불만들을 매일 들어주었다.

요즘 미국 사람들이 참선이나 명상, 요가에 관심이 많은 이유는 심신의 건강을 되찾기 위해서이다. 요즘은 젊은이들도 우울증, 불안증, 불면증, 만성피로, 통증 등을 극복하기 위해 명상 또는 참선 교실을 찾는다. 이런 사람들에게 결가부좌를 권장하면서 이들이 쏟아내는 불평을 다 들어줘야 했다.

이러한 과정 속에서 나도 또한 내 마음을 계속 들여다보며 살펴봐야 했다. 어떨 때는 들어주고 들어줘서 내 한계에 부딪히는 경우도 있는데, 그때가 바로 나 자신도 수행을 진전시킬 수 있는 기회가 된다. 아무리 한계에 부딪혀도 항상 학생들의 문제를 먼저 살펴보고, 어떻게 해결해야 하는지를 우선순위로 놓아야만 이들을 도울 수 있으니, 내 마음에 올라오는 번뇌는 계속 버리고 또 버려야만 했다.

영화 스님이 나에게 말씀하시길 내가 옳고 그르다고 믿는 것보다 더 중요한 것이 학생들이 수행을 통해 어떤 결과를 얻고 싶어 하는지 살펴보는 것이라고 하셨다. 내 이익을 찾지 않고 학생들의 문제부터 살피니 언어, 민족, 나이, 종교에 상관없이 사람들이 마음을 열기 시작했다. 그리고 참선 교실의 학생들도 나와 함께 한마음이 되어 새로 오는 학생들을 더욱 자비롭게 대하게 되었다.

이렇게 셀 수 없이 많은 학생을 지도하면서 사람의 마음이라는 것은 부자이든 가난하든, 나이가 적든 많든, 어떤 종교를 믿는지에 상관없이 다 같다는 것을 알게 되었다. 스스로 마음속의 시비를 줄이니, 많은 이가 참선을 통해 번뇌를 줄이고 원하는 것을 찾아갈 수 있었다.

나는 참선 교실에서 불교라는 단어를 쓰지 않지만, 학생들은 모두 수행을 통해 고(고통)와 번뇌를 줄이는 경험을 할 수 있게 되었다. 그리고 이들은 각자 집으로 돌아가 더 좋은 아내나 직장 동료, 더욱 참을성이 있는 선생님이 되어갔다. 우리가 하는 참선 교실에 오는 학생들은 천주교, 이슬람교, 미국 인디언 종교, 기독교를 믿는 사람들임에도 불구하고 그렇게 마음을 열었고, 다른 이들도 함께 참선을 배울 수 있도록 서로를 독려하기 시작했다.(2019.4)

잠깐이라도 결가부좌가 낫다(지관止觀)

미국에서 참선을 처음 접할 때만 해도 나는 불교, 명상, 참선에 대해서 아는 것이 거의 없었다. 수행하는 데는 아는 것이 많지 않다는 점이 장점이 되기도 한다. 영화 스님의 참선 교실에 갔을 때는 아는 것이 별로 없으니 그냥 시키는 대로 했다. 일단 결가부좌로 1시간 이상 큰 어려움 없이 편히 앉을 수 있도록 몸을 단련하라고 해서 열심히 노력했다. 해보지 않으면 어떤지 알 수 없으니까. 영화 스님은 결가부좌로 앉으면 이런저런 장점이 있다고 하시면서 아프거나 저리는 현상도 1시간을 넘기면 없어진다고 하셨다.

결가부좌 자세를 처음 접하면 정말 아프고 어렵다. 다리가 아프고 불편하니 저절로 망상도 많이 생긴다. 보통 우리가 떠올리는 참선이나 명상은 조용히 움직이지 않고 앉아 있어야 하는데, 가만히 앉아 있지도 못하고 숨도 거칠게 쉬면서 있으니, 내가 하고 있는 것은 명상이 아니라고 생각되었다. 그래서 어느 날 영화 스님에게 반가부좌로 앉아야 참선이 잘되는데 그냥 반가부좌로 하는 게 좋지 않냐고 물어보았다. 스님은 결가부좌로 짧게 앉는 것이 반가부좌로 오래 앉는 것보다 훨씬 좋으니 계속하라고 말씀하셨다. 이후 많은 고통을 참고 견디고 간혹 눈물도 흘리면서 수련하다 보니 왜 결가부좌 자세가 수행의 튼튼한 기반이 된다고 하셨는지 알게 되었다.

모든 수행은 '지관止觀'으로 요약할 수 있다. '지止'는 멈출 지이고, 사마타(Samatha)라고도 한다. '관觀'은 사띠(Sati), 마음 챙김, 마인드풀니스(Mindfulness)라고도 부르는데, 정확한 의미는 일념一念, 즉 마음을 하나로 모아서 한 가지에 집중하는 것이다. 그러니 '관'이라 하면 위빠사나를 할 수도 있고, 염불, 사경, 예불, 진언 등 여러 가지 방법을 쓸 수 있는 것이다. 그렇기 때문에 수행이나 참선에서 지와 관은 항상 연결되어 있고, 둘로 나누어 할 수 있는 것이 아니다.

예를 들어 우리가 화두를 한다고 하면, 화두 또한 관에 해당한다. 특히 화두는 고도의 집중이 요구되는 수행법이기 때문에 다른 생각이나 외부의 자극에 집중이 흐트러지면 하기가 어렵다. 그래서 화두를 할 때에도 먼저 결가부좌 수련으로 몸과 마음을 단련하여 기반을 잡고 하는 것이 좋다. 결가부좌로 편하게 3시간, 5시간 또는 10시간 이렇게 앉을 수 있다면, 웬만한 자극으로는 마음이 흐트러지지 않을 것이다.

이렇게 몸과 마음을 튼튼하게 단련하면 어떤 수행법을 사용하든 더욱 성공적이고 효과적인 결과를 볼 수 있다. 그렇기 때문에 '선禪'으로 선정의 힘을 키우는 것이 모든 수행의 기본이 되는 것이다. 기도, 사경, 절 수행을 아무리 많이 해도 선정의 힘을 키우지 못하면, 열심히 해도 같은 자리에 정체된다. 참선을 하면서 경험하는 경계에 집착하는 것은 좋지 않지만, 우리가 아무런 심신의 변화가 없는 수행을 하고 있다면 다른 방법을 찾아보는 것이 좋다.

일단 결가부좌로 기반을 단단히 닦으면서 다음과 같은 여러 수행법을 해볼 수 있다. 예를 들어 미국 LA 위산사에서는 영화 스님이 제자들에게 '챤禪', 즉 선과 정토를 동시에 지도하고 계시다. 어떤 수행법을 사용하든 진전할 때는 항상 장애를 먼저 겪기 마련이다. 이 장애를 어떻게 극복하면 좋을지 물어볼 수 있는 스승이 곁에 있으면 최상이다.

염불을 해도 여러 장애가 올 수 있다. 예를 들어 염불을 열심히 하다 보면 염불을 안 하고 있을 때도 염불이 마음속에서 자동으로 계속되는 경우도 있고, 염불을 하는데 망상이 계속 올라와서 어려움을 겪는 경우도 있다. 아미타불 염불이라고 하면 그냥 식상하고, 대수롭지 않게 생각하는 분들이 많을 것이다. 하지만 위앙종의 9대 조사인 선화 상인, 한국의 큰 선사이신 청화 스님도 많은 대중에게 아미타불 염불을 좋은 수행법으로 권장하였다.

결가부좌로 수련하면서 마음을 하나로 모으고 "나무 아미타불"이라고 외워보자. 미국에서 참선을 하는 많은 학생도 결가부좌를 하고 "나무 아미타불"을 염불한다. 학생들은 내게 이 방법이 얼마나 효과적이고 강력한지 말해준다. 특히 기감에 민감한 학생들은 "나무 아미타불"을 염불하면 에너지가 많이 다르다면서 최고라고 말한다.

수행을 하고자 하는데 건강 문제로 장애가 있는 경우, 또는 직장에서 문제가 많아서 마음이 혼란한 경우, 우울증이나 불안증 등으로 어려움이 있는 분들의 경우는 "나무 소재 연수 약사불"을 염불해보기를 바란다. 물론 염불도 결가부좌 수행이 기반이 되어줘야 선정의 힘을 빠르고 효과적으로 키울 수 있다.

그 밖에 초보자가 쉽게 할 수 있는 방법이 수식관數息觀이다.

수식관도 바르게 하는 방법이 있다. 앉는 자세를 바르게 하고, 단전에 집중한다. 호흡은 코로 하면서, 호흡을 깊거나 천천히 하려 하지 않고 그냥 둔다. 다만 호흡을 관찰하면서 첫 날숨에 1을 센다. 그다음 들숨, 날숨에 2를 센다. 그리고 반복적으로 3, 4에서 숫자 10까지 센다. 소리를 내지 않고 마음속으로 해보자. 10까지 다 세면, 다시 10에서 1까지 날숨마다 숫자를 하나씩 센다. 좌선이 끝날 때까지 이를 반복한다.

내가 가장 좋아하는 수행법은 신주 수행(또는 주력 수행)이다. 한국 대중에게도 매우 익숙한 신묘장구대다라니 또는 육자광명진언, 즉 '옴 마니 반메홈' 등을 마음속으로 계속 외우는 것이다. 이런 신주 또는 진언 수행도 결가부좌 수행을 기반으로 하면 좋다. 소리를 크게 내면서 해도 좋지만, 마음속으로 외우면서 자신의 내면의 소리에 집중해서 듣는 연습을 해보자. 신묘장구대다라니나 육자광명진언은 대중화한 진언이지만, 진언을 수행하고 싶다면 믿을 수 있는 스승에게 지도를 받는 것이 좋다. 진언은 강력한 만큼 위험도 따른다.

대부분의 사람들이 결가부좌로 앉아서 이런 여러 가지 수행법을 하면 어려움이 많을 것이다. 그래서 가장 먼저 해야 할 일은 결가부좌로 몸을 단련하는 것이다. 결가부좌로 1시간에서 1시간 반 이상을 앉으면 '아픔 고비'를 지나게 된다. 이 '아픔 고비'를 넘어갈 때까지 다리를 풀지 않으면 기혈이 잘 순환하고, 우리 몸이나 마음에서 막혀서 순환이 어려웠던 부위가 뚫린다. 그렇게 결가부좌로 편히 앉을 수 있으면, 어떤 수행법을 사용하든 여러 자극에 흔들리지 않고 정진하는 데 도움이 될 것이다. 결가부좌로 앉으면 처음에는 심신이 이완되기 어렵고 긴장되기 때문에 안 좋다고 생각할 수 있으나, 꾸준히 앉고 노력하면 호흡은 자동으로 깊어지고 고르게 된다. 또한 결가부좌는 균형이 가장 좋은 자세여서, 반가부좌로 오래 앉아 틀어진 골반도 제자리로 갈 수 있다. 처음에 발목이나 무릎에 통증이 심해 무섭게 생각될 수 있지만, 점차 시간을 늘리면서 수련하면 아무런 문제가 없다. 발목이나 무릎의 통증도 일시적인 것이다. 사실 결가부좌를 하면 다리도 더 튼튼해진다.

우리가 수행하는 목적은 선정의 힘을 얻고, 지혜를 여는 것임을 잊지 말아야 한다. 부처님의 가르침은 맹목적으로 믿어야 하는 종교가 아니라, 우리가 수행하면서 가야 할 길과 방향을 보여주는 것임을 알게 되었다.(2019. 11)

결가부좌의 고통,
아픔 고비를 돌파하라

　　　　　　　　　　아픔에 대해 이야기하고 싶어 하는 사람은 없다. 참선이나 명상을 지도하는 사람들도 이런 이야기보다는 행복, 성공, 사랑, 즐거움을 이야기하고 싶어 한다. 하지만 수행의 기반을 튼튼히 하려면 아픔에 대한 이야기를 하지 않을 수 없다. 수행으로 선정의 힘을 키우려면 반드시 아픔을 견뎌야 한다.

　어떤 방법으로 수행하든 앉아서 명상이나 참선을 하는 과정에서 반드시 장애를 만나게 된다. 결가부좌 자세를 예로 들어보자. 결가부좌로 앉는 데는 자연스러운 부분이 없다. 일부러 다리를 교차하여 움직이지 않고 가만히 있어야 하니, 원래 우리가 하고자 하는 것과 반대로 하는 것이다. 처음 결가부좌로 앉으면 우선 혈액순환이 어려워진다. 그러면 발목, 무릎, 허리 주변이 아프기 시작한다. 많은 초심자는 결가부좌나 반가부좌로 앉으면 아주 근심스러운 얼굴로 내게 묻는다. "발목이 극도로 아픈데 다치는 것 아닌가요?", "이렇게 혈액순환이 어려운데 건강에 해로운 것은 아닌가요?", "계속 앉으니까 무릎이 아픈데 이거 나중에 문제되는 것은 아닌가요?" 그럼 가부좌로 앉는 것이 건강에 해로울까? 꼭 그렇지 않다.

우리는 모두 다치는 것에 대한 무서움을 느낀다. 그래서 자연스럽게 다리를 풀고 일어나려고 한다. 하지만 그렇게 하면 수련하려는 목적이 무산된다. 보통 손과 발의 아픔을 느끼면 어쩔 수 없이 아픈 것만 생각하게 된다. 이때 내가 학생들에게 해줄 수 있는 것은 무서워하지 말고 계속하라고 마음을 안심시켜주고, 용기를 주는 것이다.

결가부좌나 반가부좌로 앉아 명상이나 참선을 시작하려면 일단 앉을 때마다 시간을 조금씩 늘려보자. 그리고 조금 더 참아보자. 타이머나 휴대전화의 시계를 이용해서 앉을 때마다 조금 더 오래 견디도록 몸을 단련해보자. 그만두고 싶어 하는 스스로의 마음을 믿지 말고, 1분이나 2분 정도씩 늘려보자.

이것이 바로 선정의 힘을 키우는 방편이다. 앉으면 다리의 통증이 매우 빨리 느껴지기 때문에 '미치고 날뛰는 마음'을 멈출 방법이 없다. 이렇게 아플 때 다른 망상을 할 수 있을까? 당연히 안 되지 않을까? 그 순간 여러분의 마음에는 단 한 가지 생각만 있다. 바로 '다리가 아픈 것'이다. 이것이 바로 '한 마음', 즉 '일념一念'이다. 이것이 한 순간에 딱 한 가지, 즉 우리의 마음을 제일 괴롭게 하는 다리 아픔만 생각할 수 있는 능력이다. 다리 아픈 것을 더 길게 참을 수 있으면 자연스럽게 선정의 힘도 커지지 않을까? 이것이 바로 참선, 즉 '찬 메디테이션(Chan Meditation)'에서 쓰는 비법이다. 요즘 사람들은 다리의 아픔을 선정의 힘(定力)을 키우는 데 사용한다는 그 비밀을 잘 모른다.

아픔을 더 많이 견딜수록, 마음을 한곳에 더 집중할수록 좋다. 또한 더 오랫동안 견딜 수 있을수록 더 널리 많이 이해할 수 있게 된다. 그렇다면 아픔에 끝이 있을까? 당연히 있다. 다음과 같은 이유가 있다.

접힌 무릎 주변에 혈액순환이 제대로 되지 않으므로, 기도 이러한 부위를 뚫고 지나가기 위해 많이 모인다. 기 흐름이 이런 부위를 뚫고 지나가기 위해 노력하는 동안 더 심한 아픔을 느끼게 되는 것이다.

이 방법은 아픔을 견뎌야 하기 때문이 모든 사람이 할 수 있는 것은 아니다. 그러니 아픈 것을 참는 것이 어려운 사람은 앉을 때마다 1초에서 30초 정도만 늘려보자. 더 오래 앉음으로써 본질적으로 선정의 힘을 키우는 것이다. 선정의 힘은 누군가 우리에게 그냥 줄 수 있는 것이 아니라 수행을 하여 얻어야 한다.

더 오래 앉으면 앉을수록 이에 맞게 아픔도 더욱 강해질 것이다. 하지만 기혈의 흐름이 접힌 무릎과 발목 부위에서 점점 강하게 쌓이다가 이를 뚫고 흐르기 시작하면, 어느 순간 저리고 아픈 것이 확 줄어든다. 보통 60분에서 90분 이상 다리를 풀지 않고 있으면 첫 아픔 고비를 돌파할 수 있다.

우리의 몸은 스스로 치료하려는 경향이 있기 때문에 기 흐름을 이용하여 선정의 힘을 키우는 것이다. 처음 아픔에 집중하는 것이 너무 어렵다면, 아픔을 참기 위해 앉아서 다른 것을 해보는 방법도 있다. 예를 들어 불경을 읽거나, 텔레비전을 보며 앉을 수 있다. 첫 단계에는 움직이지 않고 조용히 똑바로 앉아 있든 다른 것을 하면서 앉아 있든 그것은 중요하지 않다. 뭘 하든지 가부좌로 앉은 상태를 유지할 수 있도록 해보자. 시간이 지나면 아픔 고비를 넘기는 일에 점점 능숙해질 것이다. 그렇게 아픔 고비를 계속 넘도록 수련하면 더 이상 다른 일을 하면서 앉지 않고 아무런 움직임 없이 가만히 앉을 수 있게 된다.

수행을 하기 위해서는 첫 아픔 고비를 넘겨 앉는 것이 매우 중요하다. 여러 명상처에서 1시간을 채우지 않고 일어나는데, 영화 스님은 1시간을 채워서 앉는 것이 중요하다고 가르치신다. 결가부좌로 앉았을 때 45분이 경과하면 그때부터 아픔의 정도가 아주 강렬해지는데, 이때 다리를 풀지 않고 1시간이나 1시간 반 정도 지나면 마음과 몸에 큰 변화들이 생긴다. 꼭 필요하다면 중간에 잠시 쉬고 걸어도 된다. 하지만 다시 자리로 돌아가서 계속 앉는 시간을 체계적으로 늘려보자. 열심히 노력하고 계속 시도해보자. 성공하든 실패하든 그건 중요하지 않다. 포기하지 않는다면 나중에 결국 해낼 수 있을 것이다. 선禪에서는 계속 더 오래 앉는 것도 한 방편이다. 이 방편을 이용하면 진보할 수 있다.

그 이후에도 많은 아픔 고비가 있다. 두 번째 고비는 2시간에서 2시간 반쯤에서 돌파할 수 있다. 세 번째는 3시간 정도에 있다. 긴 시간 동안 앉을 때 첫 장벽이 주로 제일 아프고, 그다음에 따르는 아픔 고비들은 점점 덜 아픈 경향이 있다.

좋은 소식은 이렇게 체계적으로 선정의 힘을 키울 수 있다는 사실이다. 하지만 아픈 것을 싫어하는 사람들에게 이는 쉽지 않은 일이다.

지난 10년 동안 명상을 해온 어느 한국 여성이 있었다. 이분은 내가 결가부좌에 관해 쓴 글을 읽고 나서 2개월 만에 처음으로 아픔 고비를 통과했다. 이분은 말을 못 할 정도로 기뻐했고, 더 빨리 이런 내용을 배웠으면 좋았을 것이라 했다.

아픔이 진정될 때까지 일단 참고 견뎌보자. 제일 아픔이 심한 '아픔 고비'를 넘기면 (다리를 풀지 않아도) 아픔이 진정된다. 더 이상 안 아플 때까지 기다리면 아픔이 줄어들 것이다. 다리가 마비된 것처럼 느껴질 것이다. 어떤 사람들은 발이 까맣게 변하기도 한다. 이는 피가 아직 발끝까지 잘 순환하지 못해서 그렇다. 발이 완전히 정상으로 돌아올 때까지 다리를 풀지 말고 계속 앉자.

다리가 아픈 것을 참는 것은 쉽지 않다. 하지만 앉은 자세를 유지하면 매우 안락한 경험을 할 수 있다. 신체적으로는 아픔에 대처하기 위해 분비된 엔돌핀 때문에 기분이 좋을 것이다. 정신적으로는 생각이 급격히 줄어들기 때문에 안락한 경험을 할 것이다. 모든 걱정과 근심이 일시적으로 없어질 것이다. 맞다. 이것이 바로 다른 명상법보다 훨씬 빠른 속도로 선정의 힘을 키우는 비결이다. 미국에서 인종, 나이 등의 배경이 다양한 수천 명의 학생들을 지도하면서 이러한 예를 많이 보았다.

수십 년 동안 명상이나 요가를 수행한 사람들이 내가 운영하는 참선 교실에 찾아오는 경우가 있다. 이들의 수행의 단계를 늘 명확히 알 수는 없지만, 간혹 선정의 힘이 수년간 쏟은 노력과 시간에 비해 너무 약하다는 것을 한눈에 알 수 있었다. 만약 지속적으로 수행하지만 정체되었다고 느낀다면 경험과 역량이 풍부한 선지식을 찾아보길 권한다.(2020. 1)

참선의 기본 자세

지난 4년간 미국 및 세계 여러 도시들을 다니며 참선을 소개해왔다. 그 과정에서 다른 명상 지도자들은 어떻게 지도하는지, 다른 명상법에서는 어떤 자세로 수행하는지 알게 되었다. 그리고 경험과 문화 배경이 다양한 사람들을 대상으로 참선을 소개하면서 참여자들이 예전에 했던 여러 수행법에 대한 이야기도 들었다. 참선 교실 참여자들의 질문을 더 잘 이해하기 위해 나름대로 다른 명상센터도 방문하고, 인터넷 검색도 하면서 차츰 세상의 다양한 수행법을 많이 배울 수 있었다. 명상법과 명상 자세에 대한 의견들은 참으로 다양했다.

나의 경우는 여러 명상법을 시도해 볼 필요나 기회도 없이 처음부터 영화 스님을 만나서 배우기 시작했다. 수행하면서 심신의 지속적인 변화와 진전을 경험했기 때문에 다른 수행법을 배우거나 공부해야 한다는 필요성도 느끼지 못했다. 오직 한 스승을 모시고 수행하였지만, 어떻게 보면 참선 교실에 참여한 학생들로부터 다양한 수행법에 관해 배울 수 있는 기회를 얻었다.

영화 스님에게 배운 수행법은 중국 정통 선가 중 가장 오래된 위앙종에서 유래하였다. 앉는 자세부터 수인手印, 호흡, 여러 수행법 등을 익혀 수행의 기반을 세웠다. 이와 동시에 여러 학생이 명상하며 겪는 어려움과 장애를 풀어주는 과정에서, 사람에 따라 각 문제와 상황에 맞게 다양한 수행법을 사용해야 한다는 점을 알게 되었다.

이 글에서는 영화 스님이 지도해주신 다양한 좌법과 바른 수인, 그리고 유용한 팁들을 설명하겠다. 수행하다 보면 막다른 길에 서 있으면서도 스스로 알지 못하는 경우도 많고, 본인이 정체기에 있어도 모르는 경우도 많다. 그렇기 때문에 나는 개인적으로 사람들에게 심신이 지속적으로 변화하고 선정의 힘을 개발할 수 있는 방법을 따르길 권장한다. 만약 수행의 정체기에 있다면 어떤 것을 잘못하고 있는지 알려줄 수 있는 스승을 찾는 것이 중요하다.

수행의 핵심은 '선禪'이다. 선의 기반이자 첫 시작은 좌선이다. 먼저 좌선을 하려면 바른 자세를 배우는 것이 중요하다. 자세가 바르지 못하면 수행 진도도 느려질 것이다.

예를 들면 명상이나 참선할 때 바닥에 눕거나 의자에 앉는 것보다 다리를 교차해서 앉는 것이 좋다. 다리를 교차해서 앉는 자세는 선정의 힘을 키우도록 해주고, 더 깊은 선정에 들어갈 수 있게 해주기 때문이다.

그중 으뜸의 자세는 결가부좌다. 결가부좌는 매우 안정적이고, 많은 이점이 있다. 그다음으로 좋은 자세는 반가부좌, 양반다리 자세다. 아예 바닥에 앉는 것이 불가능한 사람은 의자나 벤치에 앉아서 시작해볼 수 있다.

좌선할 때는 평평하고 단단한 바닥에 앉는 것이 가장 좋고, 나무 바닥이나 카펫이 깔린 바닥도 좋다. 앉은 자리에 단열이 되는 것이 좋은데, 차가운 바닥에 앉으면 기운이 빨려 나가기 때문이다. 만약 반드시 등을 벽에 기대야 하는 경우에는 벽에 요가 매트 같은 것을 대고 앉아서 차가운 벽에 닿지 않는 게 좋다.

요즘 서양에서 명상과 요가의 인기가 높아지다 보니, 여러 예쁘고 화려한 명상용 방석이나 쿠션이 많이 판매되고 있다. 쿠션이 너무 푹신하면 졸음이 오기 쉽고, 엉덩이 아래 쿠션을 넣어 앉아 높이를 올리면 척추가 바르게 펴지지 않는다. 참선이나 명상할 때는 평평하고 간단한 패드나 매트를 놓고 하는 것이 제일 좋다.

자세 1 양반다리 또는 평좌 : 편안하게 바닥에 양반다리로 앉는 자세.

자세 2 반가부좌 : 왼발을 오른쪽 허벅지 위에 놓는 자세. 오른쪽 발은 왼쪽 다리 아래에 둔다.

자세 3 결가부좌 : 먼저 반가부좌로 앉고, 오른발을 왼쪽 다리 아래 넣지 말고, 그냥 무릎 밖에 편히 둔다. 손으로 오른쪽 발을 잡아서 왼쪽 허벅지 위로 덮어 올린다.

참선 또는 좌선을 할 때 가장 좋은 수인은 비로자나 수인이다. 이렇게 수인을 하면 기가 흐르는 선이 연결되어 기 순환이 순조롭게 된다. 이때 긴장을 풀고 손에도 힘을 빼면 좋다. 왼손 위에 오른손을 놓고 엄지손가락만 맞닿으면 된다.

결가부좌로 수련하면 반가부좌보다 훨씬 높은 수준의 집중에 도달하고 유지할 수 있다. 그래서 나는 결가부좌로 앉을 수 있도록 시간과 노력을 투자하라고 항상 권장한다. 처음에 많이 아프고 힘들어도 이렇게 좋은 자세가 없다. 대부분 결가부좌 수련을 시작하면 매우 아프고 저린데 이런 것들은 일시적인 과정이니 너무 걱정하거나 무서워할 필요가 없다. 아주 특별한 경우를 제외하면 결가부좌 자세로 이런 많은 문제를 풀어줄 수 있다.

영화 스님은 결가부좌로 앉으면 반가부좌보다 최소 50배 이상 이롭다고 하셨다. 처음 결가부좌가 어색하고, 불편하며, 아프다고 느끼고, 무릎이 바닥에 잘 닿지 않을 수 있다. 하지만 이런 것은 매일 단련하면 점점 좋아질 것이다.

만약 결가부좌를 처음 시도해봤는데 할 수 있게 되면, 그냥 계속 결가부좌로 단련하는 것이 좋다. 더 쉬운 자세로 앉지 말고, 결가부좌로 단련하면 좋다. 아픔이 없다면 얻는 것도 없다. 불편함과 아픔을 참고 견디면 더 빠른 속도로 집중을 키울 수 있다.

굳은 결심을 갖고 열심히 단련하고 싶은 의지가 있다면, 누구나 결가부좌로 앉을 수 있다. 어떤 사람은 곧바로 되지만, 어떤 사람은 1년 이상 많은 노력과 시간을 들여서 결가부좌로 앉게 되기도 한다. 특별한 장애나 신체적인 결함이 있는 경우가 아니라면 모든 사람은 노력하면 다 된다.

지난 4년간 나는 미국 전역을 다니면서 참선과 결가부좌 자세를 소개해왔다. 한국 사람들은 다리가 짧고 두꺼워서 힘들다고 하고, 또 어떤 사람들은 너무 뚱뚱해서 아직 안 된다고 말하는 경우도 많다. 이것은 근거가 없다. 왜냐하면 미국에서 체형이 더욱 다양한 사람들을 대상으로 결가부좌를 소개하였고, 의지만 있으면 모두가 결가부좌를 할 수 있다는 것을 알게 되었기 때문이다.

다시 한 번 강조한다. 뚱뚱하거나 다리가 짧아서 어렵다는 말은 근거가 없다. 미국에서 고도비만인 사람부터 키가 작은 사람, 백인, 흑인, 중동인, 중남미인, 동양인, 노인, 2살의 어린이 등 많은 사람에게 결가부좌를 소개하였고, 이들은 모두 노력해서 결가부좌로 앉을 수 있었다.

자세 4 의자에 앉는 자세 : 반드시 그래야만 한다면 의자에 앉아서 참선을 할 수도 있다. 만약 의자를 사용한다면, 반드시 바닥에 발이 닿게 한다. 발 아래에 단열이 되도록 패드, 담요, 타월 등을 깔아준다. 등은 기대지 않고, 척추가 곧게 앉는다. 필요에 따라 아래 허리 뒤에 쿠션을 놓아도 괜찮다.

수행하는 데 유용한 여러 가지 팁이 있다.

– 참선할 때는 반드시 편한 옷을 입어야 한다. 예를 들어 청바지

를 입으면 옷이 뻣뻣해서 다리가 무척 아프다.

- 아래 허리는 펴는 게 좋지만 너무 억지로 뻣뻣하게 펼 필요는 없다. 오랫동안 결가부좌로 앉아서 기혈이 잘 돌기 시작하면 스스로 펴진다.

- 참선하는 동안에는 움직이지 않는 게 좋다. 하지만 처음 수련할 때 결가부좌가 너무 아프면 좀 움직이더라도 일단 다리를 풀지 않는 것이 좋다.

- 눈은 감아도 되고, 살짝 3분의 1 정도 떠도 된다.

- 벽을 바라보고 앉으면 방해물이 줄어서 좋다. 되도록 외풍이 있는 곳은 피하고 실내에서 하는 것이 좋다.

- 다리는 담요나 타월 등으로 항상 덮는 것이 좋다. 찬바람이 무릎과 같은 관절에 침투하면 좋지 않기 때문이다.

- 춥더라도 모자는 쓰지 말자. 자연스럽게 몸이 따뜻해질 때까지 기다리자.

- 상체는 살짝 시원하게 두는 게 좋으니, 담요를 덮거나 두르지 않는 게 좋다. 대신 얇은 옷을 여러 겹 입는 쪽이 좋다. 약간 시원한 상태에서 좌선하는 것이 너무 따뜻한 것보다 좋다.

- 혀는 살짝 구부려서 입천장(윗니 바로 뒤)에 두는 게 좋다. 이렇게 하면 기 순환이 되는 자오선을 완성해준다. 입속에 침이 고이면 삼키면 된다.

지금까지 좌선의 기초 자세를 설명했다. 몸은 이런 자세로 수행하면 된다. 좌선 자세를 취하고 마음은 단전에 집중해야 한다. 결가부좌 수행을 하다가 장애를 겪는다면 경험이 많은 사람과 상담하길 바란다. 수행에 장애가 있다는 것은 매우 좋은 일이다. 이런 장애를 극복하고 이겨낸다면 여러분의 수행도 더욱 진척될 것이다. 좌선의 기본 자세는 영화 선사가 저술한 『참선 지침서(The Chan handbook)』를 참조했다.(2020.1)

미국 대승 수행법 '챤禪 메디테이션'

                우리가 잘 알고 있는 불교는 인도에서 중국으로 전해지고, 중국에 뿌리를 내린 후 아시아권으로 널리 퍼져 나갔다. 그중 선禪은 대승불교의 핵심적인 수행법으로 중국에서는 '챤(Chan)'이라고 발음한다.

    대승은 마하야나(Mahayana)라고도 불리며, 이는 동남아시아권의 소승, 즉 히나야나(Hinayana)와 티베트의 밀교와는 대조를 이룬다. 미국의 대승불교 수행법은 1960년대 중국에서 미국으로 건너온 선화 상인宣化上人(1918~1995)의 정통선에서 유래했다. 선화 상인은 주요 불교 법맥의 조사, 자세히 말하자면 위앙종潙仰宗 대조사로서 선에 대한 이해가 매우 깊고 풍부했다. 미국 LA의 대승 도량인 위산사潙山寺에서는 선화 상인으로부터 전해진 가풍과 수행법에 따라 많은 사람이 수행하고 있다. 그리고 선의 중국식 발음인 '챤', 그리고 '메디테이션', 즉 명상이라는 단어를 사용해서 참선을 영어로 '챤 메디테이션(Chan

Meditation)'이라고 부른다.

대승불교의 수행법은 수백 년 전 일본인들이 중국에 와서 배운 내용과 같은 것이다. 이것이 바로 일본의 선인 젠(Zen)의 토대가 된 것이다. 젠(Zen)은 한국의 선(Seon), 중국의 챤(Chan)과 같은 한자를 쓴다. 선禪은 범어인 디아나(Dhyana)에서 유래한 단어로 대략 집중을 뜻한다. 불교에서 쓰이는 선의 더욱 정확한 의미는 지관止觀에 해당한다.

한국의 선종도 신라시대에 당나라의 서당지장西堂智藏 선사로부터 처음 법을 받아 온 도의道義 스님의 가지산문迦智山門을 비롯한 구산선문九山禪門이 성립되면서 크게 번창했다. 그러니 중국 불교, 한국 불교, 일본 불교의 선은 모두 뿌리가 같다.

선에 대한 책들은 이미 산더미처럼 많이 나와 있다. 왜냐하면 선불교에는 지적인 매력이 있기 때문이다. 많은 사람이 선에 대해서 공부하기를 좋아하고, 여기저기 사찰에 찾아가서 스님들에게 자신이 얼마나 많이 알고 있는지 보여주고 싶어 한다. 바로 이런 것을 '지적인 선'이라 하고, 이는 바로 선에 대한 이해가 얕다는 것을 보여준다. 선은 수행하는 것이고, 삶의 방식이지 학문적인 토론 주제가 아니다.

교외별전教外別傳 말에 의존하지 않고,

직지인심直指人心 곧바로 마음을 가리키고,

불립문자不立文字 가르침 밖에서 전해지고,

견성성불見性成佛 자성을 보아 깨닫는다.

이 글귀는 선종에서 깨달음을 설명한 말이다. 선의 깊은 지식은 경험을 통해 몸속으로 스며든다(體會)는 의미다. 수행으로 어느 이상을 넘어가면 말할 것이 아무것도 없게 되기 때문이다. 또한 선은 우리의 마음을 곧장 가리킨다. 예를 들어 뛰어난 선지식은 제자들의 마음이 어디에 갇혀 있는지 알아보고, 이런 부분을 소통해서 제자들로 하여금 스스로 문제가 있음을 알게 해준다. 불교에는 많은 경전이 있지만 선에서는 이런 가르침이나 원리에만 의존하지 않는다.

부처님이 말씀하신 것처럼 선이 반드시 깨달음의 유일한 방법은 아니다. 우리가 많이 들어 알고 있는 것처럼 부처님은 깨달음으로 가는 데 8만 4천 개의 법문이 있다고 하셨다. 선은 가장 빠르고, 곧바로 가는 길이다. 선의 마지막 성격이 '견성성불', 즉 자성을 보고 성불하는 것이지만, 그것은 우리가 하루아침에 할 수 있는 일은 아니다.

어떤 수행법을 반드시 하나만 고집하는 것보다 더 중요한 것은 먼저 선정의 힘을 키울 수 있는 방법을 찾는 것이다. 선정의 힘을 키우면, 우리가 하고 있는 일 이외의 다른 일에 방해받지 않고, 일관적으로 집중할 수 있다. 우리가 하는 일에 집중하지 못하면 효과적으로 일을 마치기 어렵다.

참선 교실을 지도할 때 나는 늘 학생들에게 강조한다. 수행 방법이 무엇이든, 예를 들면 명상, 참선, 요가, 기공, 절 수행 등에 상관없이 수행의 목표는 삼매에 들어 선정의 힘을 키우고 지혜를 여는 것이다.

수행을 통해 특이한 힘이나 능력을 얻게 된다면 이런 일들로 인해 옆길로 빠지지 않도록 해야 한다. 수행을 하다가 치유 능력, 오로라 등을 보고 느낄 수 있는 능력, 뛰어난 직관력 등이 생기는 사람들이 많다. 자기 자신의 능력에 도취돼 더욱 앞으로 나아가야 한다는 것을 잊을 수 있어, 큰 선사들은 예부터 이를 "자기 스스로만 자신의 길을 막을 수 있다"라고 말씀하셨다. 우리가 수행의 정체기에 들어서면 정체기에 있다는 사실조차 알기가 어렵다.

그러므로 '챤 메디테이션'에서는 선지식善知識을 찾아서 도움을 구하는 것을 강조한다. 좋은 선지식을 만나면 수행을 하는 데 시간을 절약할 수 있고, 시행착오를 최소화할 수 있다. 빠른 지름길로 수행에 진척이 생길 수 있도록 해준다. 선지식은 우리가 앞으로 가야 할 길을 이미 가봤기 때문에, 어떻게 더 빨리 그리고 안전하게 갈 수 있는지 알려줄 수 있다.(2019. 12)

챤 메디테이션이 무엇인가?

미국 위산사에서는 중국인이셨던 선화 상인의 가르침에 따라 수행하기 때문에 참선을 '선禪'의 중국식 발음인 '챤'을 사용하여, '챤 메디테이션'이라고 부른다. 한국에서 불교 명상법을 대개 참선이라고 하는데, 이는 화두가 한국에서 가장 인정받고 두루 사용되기 때문이다. 참선이란 단어는 본래 화두참구할 때 사용하는 단어다. 챤 메디테이션은 넓은 의미로는 좌선뿐 아니라 염불, 만트라, 불경 독경, 절 수행 등을 포함한 대승불교에서 유래한 다양한 수행법을 뜻한다.

부처님의 가장 중요한 가르침은 우리가 고통의 바다(苦海)에 있음을 알고, 8만 4천 가지의 법문(Dharma Doors) 중 우리와 인연이 있는 방법을 수행하여 선정의 힘을 키움으로써 안락을 경험하고, 윤회의 바퀴에서 벗어나는 것이다. 이는 그냥 머리로 하는 철학적인 이야기도 아니고, 불교에 대한 우리의 믿음을 키우려고 지어낸 이야기도 아

니다. 즐거움이나 행복을 좇는 대신 수행을 통해 고통의 원인을 참구

하고 줄여나가는 것이 참된 불교인의 길이다.(2019.12)

서양 사람 vs 한국 사람

미국에서 공원 참선 모임을 시작했을 때 광고를 영어로 했다. 영어로 광고했지만 누구에게나 열린 공개 수업 이었다. 참선을 배우러 오는 사람들은 보통 백인, 중남미인, 그리고 미국에서 태어나거나 자란 젊은 동양인이 많았다. 이렇게 수년간 찬 메디테이션, 즉 미국 참선을 지도했는데, 미국에 거주하는 많은 한국인도 참선이나 명상을 원하지만 갈 만한 곳이 별로 없다는 것을 알게 되었다.

그래서 영화 스님의 허락을 받고 한인타운의 공원 주민센터에서 토요 찬 메디테이션 수업을 시작했다. 그리고 LA 지역 한국 사찰인 조계사, 달마사, 정혜사, 원명사에서도 참선 워크숍을 열었다. 시간이 허락하면 영화 스님도 직접 참선 법문을 하셨다.

미국에서 다양한 인종의 사람들에게 참선 자세인 결가부좌나 반가부좌를 소개했는데 놀랍게도 상당히 많은 이들이 결가부좌를 할 수 있었다. 그래도 한국인들이 확실히 서양인보다 큰 어려움과 장애 없이 1시간 이상 앉을 수 있는 경우가 많았다.

LA에 원명사라는 한국 비구니 사찰이 있었는데, 그곳에서 참선 워크숍을 한 적이 있다. 당시 나는 아직 출가하기 전이었는데 현계 스님과 함께 갔다. 공간만 빌려서 하는 워크숍이었고, 우리는 소셜미디어, 한국어 신문사 등을 통해 한국어와 영어로 광고했다. 참여한 학생의 반 정도는 한국인들이었고, 나머지 반은 유럽인, 미국인, 인도인 등 다양했다.

한국인들은 대부분 나이가 든 불자분들이었는데, 이미 절 수행, 기도, 참선 등을 통해 심신이 꽤 다져진 분들이었다. 결가부좌를 보여드리니 이들 대부분은 쉽게 앉을 수 있었고, 1시간도 무리가 없었다. 반면 한 영국인은 우리가 앉은 모습을 보자마자, 시도도 하기 전에 겁에 질렸다. 한국인 외의 참여자들은 결가부좌나 반가부좌로 15분 앉는 것도 어려운 상황이었다.

이 워크숍을 한 후 영화 스님께 참여자들의 반응과 경험을 말씀드리면서, 한국인 전용 참선 교실을 만들면 어떨지 여쭤보았다. 하지만 영화 스님은 나에게 "그럴 필요 없다. 우리는 이들 모두를 같이 가르칠 수 있어야 한다"라고 말씀하셨다. 그때는 그런 말씀을 듣고, 스님이 그렇게 말씀하시는 데 이유가 있으리라 생각하면서 알았다고 대답했지만, 내심 그건 좀 무리일 것이라고 생각했다.

몇 년 후 한국인들이 영화 스님께 한국에서도 지도해주실 것을 요청했고, 위앙종 가풍을 따르는 첫 한국 수행도량인 보산사가 마련되었다.

이 보산사에 한 부부가 찾아왔다. 참선을 배우고 싶어서 찾던 중 우연히 인터넷에서 보산사를 알게 되었다고 했다. 부부 중 아내는 이미 다른 절에서 참선을 1년 동안 배웠는데, 그곳에서는 초심자들이 지도해주는 선생님이나 스님 없이 본인들끼리 앉는다고 한다. 그러다가 좀 진도가 나가면 별도의 시간에 지도를 받는다고 했다.

사람들이 잘 모르는 비밀이 몇 가지 있다. 참선이나 명상할 때 자신보다 수행의 힘이 뛰어난 사람과 함께 앉으면 크게 유익하다는 것이다. 초심자들이 수행의 기술이나 힘이 좀 생겨서 홀로 앉아서 수행하여도 스스로 안정과 힘을 되찾을 수 있을 때까지 지도자가 함께 앉아주는 것이 좋다.

불교 공부나 참선 수행을 하면 할수록 겸손해져야 한다. 그런데 고급 과정이나 상급반을 설치해서 참선을 오래 배운 사람들을 별도로 가르치면, 마음속에 내가 더 많이 알고 내가 더 잘 안다는 생각이 올라오지 않겠는가.

수행의 진도가 나아가면 각 선정의 단계별로 공통된 여러 가지 문제를 겪게 되고, 이에 따라 개별적인 지도가 필요하다. 하지만 진정한 불법은 초심자부터 출가한 전문 수행자까지, 그리고 어린이부터 어른까지 모두에게 진리여야 한다. 그러므로 좋은 선지식은 가르치는 대상이 출가자이든 재가자이든, 어린이든 성인이든 또는 노인이든, 어느 문화나 종교 배경을 가지고 있든 상관없이 법을 청하면 지도할 수 있을 것이다.(2020. 8)

수행자는 무엇이든 물어볼 수 있어야 합니다

영화 스님이 법문할 때 늘 반복적으로 하시는 말씀이 있다.

"바로 지금이 하고 싶은 질문을 할 수 있는 기회입니다. 참선이나 불교에 관한 질문이든 아니든 상관없습니다. 무슨 질문이든 서슴없이 하세요. 어떤 생각이든 마음을 괴롭히는 것이 있다면 질문을 해야 집에 돌아가서 수월하게 참선할 수 있습니다."

영화 스님의 참선 법문 도중 어떤 사람들은 참선 중 경험한 경계에 관해 묻기도 하고, 어떤 이는 일상에서 있었던 회사 동료 또는 가족과의 갈등에 관해 묻기도 한다. 어떤 사람들은 수행에는 관심이 없고, 그동안 공부해온 불교 문헌에 대해 질문하기도 하며, 개신교나 천주교인은 본인이 알고 있는 종교에 대한 지식으로 토론을 벌이고 진지하게 불교에 대한 호기심을 해소하기도 한다.

나도 수년 전 참선을 배우기 시작했을 때 묻고 싶은 것이 아주 많았다. 처음 몇 년 동안 참선을 하면 할수록 질문도 더 많아졌다. 영화 스님은 호기심이 많은 나에게 항상 차분하게 대답해주셨고, 눈치를 주거나 꾸지람하신 적이 없다. 어떤 날에는 질문하고 싶은 게 너무 많아서 주변 사람들에게 불편을 끼치는 것은 아닌지 우려될 때도 있었다. 그런데 오히려 영화 스님은 궁금한 것이 많은 것은 좋은 일이라고 용기를 북돋아주셨다.

"수행하는 사람이라면 묻고 싶은 것을 자유로이 물어볼 수 있어야 합니다. 그리고 수행을 지도하는 스승은 학생들이 망설임 없이 마음껏 질문할 수 있는 분위기를 마련해줘야 합니다."

한국인들은 예의가 바르고 다른 이들에 대한 배려가 깊다. 이런 바른 가치관이 문화 속에 잘 자리 잡혀 있어서 바르고 건강한 사회를 이루는 데 큰 밑바탕이 된다. 수행할 때 자연스럽게 생길 수 있는 의심, 혼란, 질투 등의 다양한 생각들이 유교적인 가치관과 충돌을 일으키기도 한다.

얼마 전 어느 한국인 수행자가 우리를 찾아왔다. 한국의 많은 불자님과 마찬가지로 이분도 지난 수년간 참선 정진을 했는데, 최근 몇 년간 큰 변화가 없이 정체 중이라고 했다. 여러 절의 유명한 스님부터 도인이라고 소문난 분들에게 찾아가 질문했다고 한다. 그런데 나를 찾아온 것을 보니 아직 수행에 도움이 될 답은 듣지 못한 듯했다. 그래서 나는 그분에게 물었다.

"사람들이 큰스님이라고 하고 유명하신 분이라고 해서 찾아갔는데, 그분들이 준 대답으로 정체기를 벗어나지 못했다든지, 예상외로 만났을 때의 느낌이 내 스승은 아니었을 때 마음속에 충돌이 생겼죠? 이건 동양인들이 가지고 있는 전형적인 문제예요. 저도 예전에 참선을 배우기 전 비슷한 문제가 있었어요. 유교 사상에서 배운 대로라면 부모님의 말씀에 복종해야 하고, 그것이 바른 것이고 효인데, 마음속에서 저절로 올라오는 화나 동의하지 않는다는 생각 때문에 내가 항상 잘못하고 있는 것처럼 느꼈습니다."

그 불자님은 고개를 끄덕였다.

"그런 의문이 있다고 해서 스스로 번뇌망상을 일으킬 필요가 없습니다. 누구도 내 수행을 책임져줄 수 없고, 대신 수행해줄 수 없습니다. 그러니 아무리 큰스님이라고 해도 내 문제를 풀어주지 못한다면 아무런 소용이 없습니다."

마음속에서 동의하지 않거나, 의문이 일어나거나, 또는 믿을 수 없다는 생각이 든다면 자신 스스로 정직할 필요가 있다. 수행자는 스승님의 말씀에 대해서 다른 생각이 있다면 자신의 마음을 숨기는 것보다 곧고 정직하게 자신의 의견을 얘기하는 것이 바람직하다. 그러므로 좋은 스승은 수행자들이 무슨 질문이든 막힘없이 물어볼 수 있도록 해주어야 한다. 수행을 지도하는 스승이 참으로 지혜롭다면 학생의 말과 행동의 시비를 보고 꾸짖는 대신 진전을 막는 걸림돌이 되는 장애를 학생 스스로 볼 수 있도록 도와줄 것이다. (2020. 7)

불법을 설할 때
대수롭지 않은 듯 말하라

　　나는 참선, 예불, 그리고 다른 어떤 것보다도 영화 스님이 해주시는 이야기에 가장 심취한다. 노산사 시절에는 절에 오는 사람이 별로 없었고 영화 스님이 아직 잘 알려지지 않아서 스님 곁에서 자주 많은 이야기를 들을 수 있었다. 그때는 그냥 듣는 것이 즐겁고 좋기만 했을 뿐 그것이 얼마나 값진 일인지 몰랐다.

　특히 사람들이 별로 없던 노산사 시절에 법문 시간보다도 더욱 흥미진진한 시간은 바로 점심시간이었다. 영화 스님은 평일에도 점심시간에 거의 매일 나오셔서 제자들과 식사하며 많은 이야기를 해주셨다. 외부인이 없는 날이면 더욱 깊고 흥미로운 이야기도 많아졌다. 나중에 알고 보니 이를 불교 용어로 '소참 법문'이라고 했다.

　생전 한 번도 듣지 못한 흥미로운 말씀들에 사로잡혀 나는 사업은 뒷전에 두고, 출근한 직후 직원들에게 지시 사항을 모두 전달하면 재빨리 노산사로 달려갔다. 점심시간을 놓칠 수 없었기 때문이다. 어떤 날에는 영화 스님이 외출하셔서 절에 안 계시면 씁쓸한 마음으로 다시 회사로 돌아가기도 했다. 만에 하나 영화 스님께서 점심 식사 후 외출하실 때 나에게 동행을 허락하시면 사업상 아무리 중요한 일이 있더라도 뒤로 미루고 따라가곤 했다.

영화 스님은 소참 법문을 하실 때도, 주말 법회에서 대중 앞에서 법문하실 때도 하시는 말씀이 중대한 법문 같지 않고 그냥 평범한 이야기를 들려주시듯 했다. 그런데 차츰 이런 말씀을 잘 새겨듣고 따라서 실행에 옮기면 여러 문제가 풀리기도 하고, 답답한 마음의 문제에 대한 통찰력이 생기기도 했다. 겉으로 농담처럼 들리는 이런 말씀들은 나 자신의 많은 허물, 오류, 아집, 오만, 질투, 미움, 화, 어리석음을 비춰 보게 했다.

한국 스님들과 수행자들을 만나기 시작하면서 이런 질문을 줄곧 받았다.

"영화 선사가 지도하는 수행법은 무엇인가요?"

"위앙종에서 가장 중요하게 여기는 가르침은 무엇인가요?"

"본인이 지금 하는 수행법이 뭔가요?"

"영화 스님은 화두도 가르치나요?"

나는 처음에 당황했다. 이런 질문을 듣기 전까지 그런 생각을 해본 적이 없었다. 게다가 한자가 섞인 불교 용어를 사용해 질문하면 나는 마치 바보처럼 "그게 뭐죠?"라고 되묻곤 했다. 그래서 어떤 분들은 "스님은 출가한 지 얼마 안 되었으니까, 나중에 한국 승가대학 가서 이런 불교의 기초적인 교리를 좀 공부하면 도움이 될 것 같아요"라고 조언해주는 경우도 있었다.

만약 참선을 많이 하고 불교 공부를 오랫동안 했는데, 배우기 전보다도 내가 더 옳다는 생각, 더 많이 안다는 생각, 더 우월하다는 생각 등이 강하게 생긴다면, 그것은 바로 가고 있는 수행의 길에 문제가 있는 것 아닌가. 참선 수행을 하든, 염불하든, 절 수행을 하든, 교리 공부를 하든, 공통적인 불법 수행의 목표는 아상我相을 줄이고, 더 선한 사람이 되는 것이기 때문이다.

마음에서 생각들을 줄이고 비워서 깨끗하고 맑아질수록 다른 이들이 무엇으로 고통받고 있는지, 그리고 어떤 문제가 있는지 더 명확히 볼 수 있게 되는 것이다.

내가 처음 참선 교실을 시작할 때, 영화 스님은 찾아오는 학생들에게 마치 이야기를 들려주듯이 경험담을 많이 나누라고 하셨다. 돌이켜보니 영화 스님의 법문도 늘 그러했다.

예전에 불교 공부를 많이 하신 분이 "불교는 향기가 몸에 배듯, 안개가 옷에 스며들 듯이 그렇게 배우는 것"이라 하였는데, 바로 이런 것을 말하는가 보다. 내가 오랫동안 공부한 불교가 우월한 진리이고, 내가 믿는 불교라는 종교는 확실히 옳다는 생각이 있다면, 그 생각들로 인해 내 마음은 망상으로 오염되고 판단력이 흐려질 것이다.

영화 스님이 나에게 늘 반복적으로 해주신 말씀이 있다.

"법을 말할 때, 마치 그것이 큰일이 아닌 듯해야 한다." (2016. 9)

종교, 나이, 인종을 넘어서
다 함께 하는 참선 수행

영화 스님은 결가부좌로 편히 1시간은 앉아야 수행의 기반이 세워진다고 하셨지만, 나는 워낙 몸이 유연하지 못해서 처음 몇 년간 많은 어려움이 있었다. 처음 결가부좌를 시도했을 때 겨우 2분도 버티지 못했다. 그리고 마음속으로 '이런 건 스님들이나 하는 것이지, 설마 일반인도 해야 하는 것은 아니겠지. 이건 진짜 불가능한 일이야'라고 생각했다. 영화 스님은 매일 1시간씩 결가부좌로 앉아야 한다고 강조하셨는데, 그렇게 되기까지 3년도 넘게 걸렸다. 2분에서 시작해서 3분, 겨우 10분 앉았을 때는 결가부좌로 1시간을 앉는 일은 정말 멀고도 험난해 보였다. 조금 더 길게 앉으려고 앉아서 울고, 웃고, 소리 지르고, 영화도 보고, 책도 읽고 여러 방법을 다 동원했다. 이런 여러 과정을 거치면서 내 마음이 어떻게 작동하는지 많이 배우게 되었다.

어느 날 참선을 하는데 이런 생각이 문득 들었다.

'나는 워낙 약속을 하면 꼭 지켜야만 하는 성격이니까, 참선 수행 모임을 운영하면 약속한 시간과 장소에는 꼭 나가서 하겠구나. 그렇게 하면 게으름 피우지 않고 열심히 할 수 있겠다.'

나는 영화 스님께 '공원에서 참선'이라는 모임을 만들어서 운영해보고 싶다고 제안했다.

영화 스님은 "참선을 지도할 때 스스로 경험한 내용을 나누기만 하고, 사람들이 질문을 했을 때 확실하지 않은 것은 와서 물어봐라. 승가가 아닌 사람은 가르쳐서는 안 되고, 만약 재가불자가 지도하려면 승가의 보호 안에서 지도해야 한다"라고 당부하셨다. 나는 스님의 그런 말씀을 마음에 새기고 참선 교실을 시작했다.

이렇게 2015년에 처음 '공원에서 참선'이라는 모임을 만들고 집 근처의 공원에서 매주 모임을 가졌다. 상당히 많은 사람이 함께 참선하고자 찾아왔다. 당시 나는 참선으로 좋은 경험을 했지만, 다른 사람을 지도할 능력이나 자격은 없다고 생각했다. 하지만 영화 스님은 "아직 배울 것이 많기는 하지만 네 수행의 기반은 이미 매우 튼튼하다. 그냥 몸과 마음을 편하게 하고 원래 있는 모습대로 하면 된다"라고 격려해 주셨다.

나는 찾아온 학생들에게 결가부좌 자세를 보여주고, 안 되는 사람은 반가부좌로 시작하도록 독려했다. 영화 스님의 당부대로 노산사에 일주일에 한두 번씩 찾아가서, 학생을 지도하며 생긴 의문에 관해 질문했다. 영화 스님은 "네가 아는 것 또는 믿는 것이 중요한 것이 아니라 찾아오는 사람들이 무엇을 필요로 하는지를 잘 살펴보아라"라고 말해주셨다.

초심자들은 앉기 시작하면 많은 어려움과 장애를 경험한다.

참으로 흥미로운 점은, 사람들을 앉히면 원래 가지고 있던 본인의 성향과 성격이 다 드러난다는 것이다. 다리가 아플 때 인내가 부족한 사람은 바로 풀어버리고, 화가 많은 사람은 화를 내고, 무서움이 많은 사람은 다치는 것 아니냐며 계속 걱정스럽게 묻는다. 우리는 학생들에게 결가부좌를 하도록 독려하고, 앉은 자세가 아무리 아프더라도 바로 풀지 않고 계속 앉게 하면서, 마음의 상태를 직면하도록 한다. 학생들은 이런 과정을 통해 자기 자신에 대한 통찰력을 키울 수 있게 된다.

결가부좌로 앉으면 다리가 아프고 불편하니, 자연스럽게 우리의 마음은 불평을 많이 한다. 참선 교실을 하며 학생들이 하는 불평을 다 들어주면서, 나 또한 마음속의 불평하는 소리, 예를 들어 '무료로 하는데 진짜 질문도 많고 요구 사항도 많군', '배우러 와서 자기가 가르치려고 하는군' 등의 시끄러운 소리들을 알아차리고 내 마음속에 있는 탐, 진, 치를 더욱더 깊게 배울 수 있었다.

참선 교실에 참여한 학생들은 한 번을 참여했든 꾸준히 주기적으로 참여했든 모두 나름대로 참선의 맛을 알게 된다. 다리는 아프지만 마음에 있는 생각을 따라가지 않고, 같은 자리에서 내면을 들여다볼 수 있는 능력을 키우기 시작하는 것이다. 이들은 겉으로 보기에는 불교 공부를 하고 있지는 않아도 실제로 선정의 맛을 경험하며 불법의 문턱에 들어서는 것이다.(2019. 11)

1 2019년 미국 LA에 사는 멜라니는 10년 이상 요가와 명상 수련을 했는데 이후 챤 메디테이션으로 더 큰 변화를 경험했다고 한다.

2 2019년 서울 국제선센터에서 열린 영화 스님의 불칠, 선칠 수행 중 미국에서 함께 공부하는 3세의 '알롱'이가 결가부좌로 앉아서 법문을 듣는다.

3 2018년 미국 롱비치 컨벤션센터에서. 국제 미용 박람회에 초청받아서 미용 전문가들에게 참선을 소개하였다.

1   2018년 미국 LA 노산사 영화 스님의 토요 참선 법문

2   2018년 한국의 비로자나 국제선원에서 선칠 법문 중인 영화 스님

3   플로리다에서 만난 브라질인 참선 학생

4   미국 위산사의 아이들은 걸음마하면서 반가부좌, 결가부좌를 자연스럽게 배우고, 가족들과 함께 법문을
     듣고 수행한다.

5　　2018년 공원에서 참선하는 리즈(왼쪽).그녀는 미국 인디언 혼혈로 부족 종교를 믿지만 참선을 통해
　　　우울증을 많이 극복하여 많은 사람에게 참선을 알리는 데 매우 적극적이다.

6　　2018년 미국 LA 지역에서 열린 참선 워크숍. 캘리포니아 남부의 주요 도시들을 돌아다니면서 젊은
　　　직장인들을 대상으로 참선을 소개했다.

7　　2020년 보산사에서 수행 중인 초심자 학생

1   2018년 미국 노산사에서 법문을 듣고 있는 피터는 영화 스님의 오래된 제자로 위산사에서 수행하면서 음향, 영상 시설 설치 등에 많은 도움을 주고 있다.
2   2016년 플로리다에서 콜롬비아인과 미국인 참선 학생에게 참선을 소개하였다.
3   2018년 공원에서 열린 참선 교실. LA에서 참선을 지도하면 중남미인들이 많이 참여하는데, 이들은 보통 천주교인이다.
4   2018년 미국 라스베이거스 컨벤션센터에서 열린 국제 피부미용학회에 강사로 초청받아서 참선을 소개하였다.

5   미국 위산사에 가족과 함께 자주 와서 수행 중인 중국인 아이 먀오먀오

6   미국 LA에서 소프트웨어 엔지니어로 일하는 쿠바인 헤수스는 참선이 자신의 인생을 완전히 바꿨다
     고 말했다.

7   제시카는 기독교인이지만 명상이나 영적 수행에 관심이 많다.

8   2019년 미국 위산사 겨울 불칠과 선칠에는 한국 스님들과 수행자들이 20명이나 와서 함께 수행했다.

9   미국 위산사에 온 참선 초심자 학생인 인도계 미국인 직장인

1   2020년 청주 보산사에서 수행하는 한국의 수행자들
2   2018년 제주 자성원에서 열린 영화 스님의 선칠 수행에서 처음으로 결가부좌 수행을 체험한 한국의
     수행자
3   2018년 미국 참선 교실 학생. 반가부좌도 제대로 못 앉던 학생이 3개월 안에 결가부좌 자세를 할 수
     있게 되었다.
4   2016년 쿠바 섬 여행 중 만난 쿠바인들에게 잘하지 못하는 스페인어로 참선을 가르쳐주고, 함께 명상
     했다.

그는 참선을 하면서 주변 사람들에 대한 자비가 생겼다고 한다.
그래서 여러 사람을 배려하는 마음이 예전보다 커졌다고 한다.

PART 3

중풍맨의
좌충우돌 수행기

　　올해(2019년)는 참으로 뜻깊은 한 해였다. 나는 작년에 이어 두 번째로 영화 스님을 모시고, 여러 출가인과 재가인 도반들과 함께 한국을 방문했다. 선화 상인으로부터 전해진 중국의 전통 용맹정진 프로그램인 불칠과 선칠을 한국 수행자들에게 소개하기 위해서였다.

　　작년에 처음으로 영화 스님을 모시고 한국을 방문했는데, 새벽 3시부터 밤 12시까지 하루 총 14시간 참선 정진하는 선칠 프로그램을 3일씩 서울과 제주도에서 소개했다. 올해의 두 번째 한국 방문 동안 참선 정진인 선칠뿐만 아니라 정토불교 수행의 정수인 아미타불 염불 정진 프로그램, 불칠도 함께 했다.

　　영화 스님과 제자들로 구성된 한국 방문단은 3월 말 서울 국제선센터에서 6박 7일, 그리고 4월 초 전라남도 곡성 성륜사에서 6박 7일 총 2회 프로그램을 진행했다. 방문하는 동안 한국 문화 속 깊이 자리 잡고 있는 대승불교의 뿌리, 수행에 대한 목마름, 온 힘을 모아서 열심히 수행에 몰입하고자 하는 의지, 그리고 참석자들이 처음 만났음에도 불구하고 진심으로 서로 독려하고 도우려는 마음가짐을 보면서 깊은 감흥을 받았다. 또한 좋은 스승님 아래에서 수행을 지도받으면서 나 스스로 감사하는 마음이 많이 부족하다는 생각도 했다.

한국에서 불칠과 선칠 프로그램에 참여한 여러 수행자 중에는 우리에게 깊은 인상을 남긴 분들이 많았다. 참석자 중에는 충청남도 당진에서 전남 곡성 성륜사까지 오셔서 참석한 50대 후반의 원영연 씨가 있었다. 사실 이분을 만났을 때 매우 반가웠다. 나는 한국을 방문하기 전에 수행 프로그램을 알리기 위해 영화 스님의 가르침과 수행법을 안내하는 네이버 카페를 열었다. 그는 우리가 한국에 입국하기 전부터 카페에서 질문을 적극적으로 했고, 결가부좌 수행에도 많은 관심을 보였다.

성륜사에서 그를 처음 만났는데, 나에게 네이버 카페에서 질문을 올렸다고 자기 소개를 했다. 그는 수행에 관한 여러 온라인 카페를 통해 글들을 읽고 모임들에도 참석했다고 한다. 하지만 불행히도 수행에서 뚜렷한 결과를 경험하지 못했다. 그러던 어느 날 내가 올린 영화 스님의 불칠과 선칠에 관한 안내문을 읽었다. 처음 안내문을 봤을 때는 불칠과 선칠이란 단어가 익숙하지 않아 별 생각이 없었는데, 이상하게도 행사 날짜가 가까워질수록 꼭 참석해야겠다는 결심이 섰다고 한다.

그는 예전부터 청화 큰스님에 대한 존경심이 있었던 터여서, 청화 스님이 창건하신 성륜사도 방문할 겸 수행 프로그램에 참석하기로 결심했다. 그는 설레는 마음으로 2시간 반 걸려서 운전하여 성륜사에 도착했다.

영화 스님 일행이 한국에 도착하기 직전에 성륜사는 새로운 주지 스님을 맞이했고, 종무소 직원들도 모두 바뀐 상황이었다. 종무소의 새 직원은 수행 참여자들에게 무료 수행 프로그램에 등록하신 분들의 숫자가 많아 잠자리가 모자랄 것 같고, 숙소도 편하지 못할 것이라고 이야기했다고 한다. 그는 이런 이야기를 듣고 기분이 상했지만 그래도 먼 길을 왔으니 저녁 개시 법문은 듣고 가야겠다고 결심했다. 영화 스님의 법문을 듣고 있는데 갑자기 중풍을 맞은 오른쪽 다리 속에서 복숭아뼈까지 예리한 칼날이 파고들어 뼈를 찢는 듯한 통증을 경험했다고 한다. 마음도 불편한데 이런 통증까지 오니, 영화 스님이 법문을 마치며 "잠자리가 불편해도 참고 수련하라"고 말씀하셨지만, 그 말씀이 끝나기가 무섭게 참지 못하고 집으로 향했다.

사실 나는 그가 밤 늦게 떠난 것도 모르고 있었다. 그런데 다음 날 아침 그는 나에게 무슨 일이 있었는지 이야기해주었다. 밤 늦게 법문이 끝나고 그는 집으로 돌아가기 위해 부랴부랴 고속도로에 진입했는데 톨게이트에서 통행 카드가 나오지 않았다. 호출 버튼을 눌렀는데, 안내원은 사진이 찍혔으니 걱정할 필요가 없으며, 목적지에 도착하면 고속도로 출구에서 정산할 수 있다고 말했다. 그는 목적지의 톨게이트 출구에는 무인 자동 시설이 있어서 일부러 그 직전의 고속도로 출구로 나왔다. 톨게이트 안내원은 어디서 출발했는지 물었지만, 그는 갑자기 머릿속에 아무런 생각도 나질 않아 대답을 제대로 못 했다. 이렇게 그는 안내원과 실랑이하다가 집으로 가는 것을 포기하고 다시 운전대를 돌려 곡성 성륜사로 왔다고 한다.

그는 수행하는 동안 경험한 여러 통증 증세를 이야기해주었다. 항상 웃는 표정이었지만 아픔이 말로 표현할 수 없고, 비명이 나올 것 같다고 했다. 언제나 얼굴에 미소를 띠고 있어서 그런 이야기를 들어도 얼마나 고통이 심한지 상상하기가 어려웠다. 그분은 중풍을 경험해서 몸 한쪽의 감각이 정상이 아니라고 했다. 그러니 수행하는 도중에도 통증이 상당히 심했을 것이다.

우리는 행선(行禪, 걷는 시간) 동안에도 대화를 나눴는데, 수행 중 어느 때는 기운이 등 쪽에서 쟁기질하듯이 오르기도 하고, 아랫배가 텅 비어 투명한 구슬이 척추를 때리기도 하고, 앉은 자리에서 일어나려고 할 때는 기해혈에 둥그런 자리가 생겨 통증이 엄습하기도 했다고 한다. 나는 이런 이야기를 법문 시간에 대중과 나누면 좋겠다고 제안했다. 이 이야기를 들은 영화 스님은 모두 좋은 증상이라고 말씀하셨다.

그와는 또 다른 에피소드가 있었다. 성륜사 수행 프로그램은 화요일에 시작해서 그다음 주 월요일에 끝났는데, 그는 월요일에 출근해야겠다는 생각으로 일요일 새벽에 잠이 부족한 상태에서 두 번째로 수행장 탈출을 시도했다. 나에게도 좋은 경험을 했다고 인사하고 집으로 떠났다. 그런데 일요일 저녁 법문 시간에 보니 그가 성륜사에 다시 와 있었다. 피로와 졸음을 참고 겨우 2시간 반 걸려서 집에 돌아갔는데, 아내가 이렇게 말했다고 한다.

"선사님께 제대로 인사도 안 하고 오면 어떻게 해요? 방이 불편하고 쉴 공간이 없는 것도 모두 공부에 좋은 일이니, 한잠 자고 다시 성륜사로 돌아가요!"

이상한 일은 보통 때 같으면 이런 이야기하는 아내에게 짜증을 내고 노발대발하면서 싸웠을 텐데, 그냥 알았다고 하고 잠을 청했다. 그리고 오후 5시쯤 일어나니, 그의 아내는 회향에 올리라고 이미 과일을 준비해 차에 실어주고, 떡은 성륜사 공양간에 물어봐서 주문하라고 배웅해주었다.

그는 일요일 저녁 이렇게 성륜사로 다시 돌아왔다. 그리고 내게 "안 보이는 힘이 자꾸 나를 성륜사로 소환하는 것 같아요!"라고 말했다. 마지막 날 법회 전 결가부좌로 앉아 수행하던 그는 산 채로 지옥에 들어가는 듯한 고통을 겪었다. 차라리 죽는 것이 나을 것 같다는 생각이 들 정도로 통증이 심했다. 마지막 날이니 결가부좌로 1시간을 꼭 채우자는 마음으로 앉아 있는데, 시계의 초침 움직이는 소리가 마치 작두로 다리를 절단하는 소리처럼 들릴 정도로 고통스러웠다. 거의 1시간이 되었을 때 정수리에 뜨거운 땀이 솟아나면서, 회음혈 쪽에서 핸드볼 공만 한 덩어리가 아래 뱃속에 들어오는 느낌을 받으면서 결가부좌를 풀었다.

그는 다리를 풀자마자 도망치듯 숙소로 가서 잠을 청했다. 그렇게 겨우 잠이 들었는데, 중풍 맞은 오른쪽 팔다리에 첫날 느꼈던 예리한 칼날이 파고드는 통증이 느껴져 잠에서 깨어났다. 너무 고통이 심해 수행장에 들어가지도 못하고 주차장 주변을 서성거렸다. 마치 자동으로 치유되는 클리닉(Automatic Clinic)같이 기운이 온몸을 돌아다니면서 치유하고 있었다. 통증이 너무 심해서 앉지도 눕지도 못하고 주차장을 서성거렸지만, 이 수행 경험으로 모든 바람이 성취되었다.

그는 15년 전 안구 중풍으로 생사의 갈림길에 섰지만, 복이 많아 병원 치료 없이 위험한 고비를 넘겼다. 하지만 신체의 오른쪽 반쪽은 중풍의 후유증으로 감각이 나무토막 같은 상태로 지내왔다. 첫날 법문 말미에 오른쪽 서혜부에서 복숭아뼈까지 칼날이 들어와 뼈를 찢는 듯한 경험을 한 후에는 결가부좌를 해도 허벅지 안쪽은 통증이 현저하게 나타나지 않았다. 하지만 다른 부분은 아직도 통증이 많았다. 보통 사람들은 결가부좌 시 하체에 통증이 있지만, 그는 오른쪽 팔과 어깨 특히 어깨관절의 통증이 상상을 초월하게 심했고, 하체는 하체대로 통증이 지속되었다. 또한 좌선하는 동안 비로자나 수인을 하느라 엄지손가락끼리 마주 붙이면 왼쪽 손가락이 예리한 칼날이 되어 오른쪽 엄지손가락을 파고드는 듯한 통증을 경험했다. 또한 고압 전류에 감전된 것처럼 오른팔과 어깨에까지 강력한 전류가 흐르는 것 같았다. 하지만 수행 프로그램을 마친 지금은 모두 편안한 상태가 되었다.

그는 성륜사에서 불칠과 선칠을 마치고, 매일 결가부좌 수행을 하고 있다. 1시간 이상을 앉아도 하체에는 약간 통증이 있지만, 상체는 거의 통증이 없는 상태가 되었다. 수행 프로그램에 참여하기 전에는 잠자다가 새벽에 깨면 오른쪽과 왼쪽 신체 감각이 크게 달랐지만, 지금은 온몸의 감각이 동일하다.

그는 수행 후 심리적으로도 마음속 생각의 출렁임이 작아지고 훨씬 안정적이라는 것을 느낄 수 있었다. 또한 밖으로 향했던 감각들이 안으로 향하는 것을 알아챘다. 한국 성륜사에서 함께 수행한 후에도 그는 간혹 카카오톡과 네이버 카페를 통해 안부를 전한다. 그는 지금도 매일 결가부좌 수행을 열심히 한다. 그의 아내도 수행 이후 변한 남편을 위해 매일 결가부좌 수행을 하도록 적극 지지해주고 있다.

성륜사 수행 프로그램 동안 그에게는 '중풍맨'이라는 별명이 생겼다. 수행정진으로 중풍을 극복한 그는 스스로를 당당하게 중풍맨이라 부른다.(2019.9)

미국 캘리포니아의 젊은 청년 '렘'의 참선 수행 경험담

렘은 2015년에 내가 시작한 '공원에서 참선' 모임에 참석하기 전에도 명상을 했다. 많은 사람들처럼, 서양 문화권에서 잘 알려진 마인드풀니스, 즉 마음 챙김으로 명상을 시작했다. 하지만 그가 경험한 마인드풀니스는 선생님에 따라 집중해야 하는 대상이 일관적이지 않았다. 어떤 선생님은 호흡에 집중하라고 했고, 마음에 집중하라는 경우도 있었고, 주변의 소리나 바닥의 느낌에 집중하라는 경우도 있었다. 그리고 수업을 시작할 때와 끝낼 때 어김없이 참가자들에게 15달러의 수업료를 도네이션, 즉 보시하라고 언급했다.

렘은 마인드풀니스 명상으로 집중력이 어느 정도 향상되고 마음도 안정되는 경험을 했지만 곧바로 정체기에 도달했다. 그는 명상 선생님들에게 이런 문제에 관해 물어보았지만 아무도 현실적인 해결책을 제시해주지 못했다.

렘이 처음 공원에 찾아와 경험한 챤 메디테이션, 즉 참선은 이와 달랐다. 초심자들의 목표는 매일 결가부좌로 1시간 또는 그 이상 앉을 수 있도록 몸과 마음을 수련하는 것이다. 한국 사람들은 요령을 알려주면 처음부터 잘하는 경우가 꽤 많지만, 미국 사람들은 첫 시도부터 결가부좌로 앉을 수 있는 사람이 얼마 되지 않는다. 하지만 꾸준히 스트레칭을 하고 수련하면 누구나 할 수 있다.

오랫동안 결가부좌 수련을 한 분들은 그렇지 않지만 대부분의 사람들은 결가부좌로 앉으면 발목, 무릎, 허리 등 다양한 부위가 쑤시고 아프다. 하지만 가장 중요한 것은 불편하더라도 다리를 풀지 않는 것이다. 결가부좌로 앉아 있을 때 다리의 통증이 점점 더 심해지면 마음은 '그만둬! 미친 짓이지, 다른 일을 해야 해, 좀 쉬고 해야지'라고 소리를 지른다. 여기서 중요한 점은 이런 목소리를 무시하고 아픔을 직면하는 것이다. 이것이 바로 가장 효과적으로 선정력, 즉 수행의 힘을 키우는 길이다.

렘은 처음 공원에서 결가부좌의 이점을 배운 후 빠지지 않고 매주 모임에 참여했고, 집에서도 불편함과 아픔을 참으면서 진지하게 결가부좌 자세로 참선 수행을 했다. 그리고 단 몇 주 만에 '마인드풀니스'로 얻은 것보다 훨씬 뛰어난 진전과 향상을 경험했다.

렘의 직업은 영화나 비디오를 제작하는 필름 메이커다. 사진 작업과 달리 영화나 비디오 제작에 필요한 집필과 편집 작업은 홀로 해야 한다. 몇 주 동안 혼자 일해야 하는 경우도 많다. 따라서 그는 가장 어려운 적군인 스스로와 싸워야 한다. 이렇게 홀로 일하다 보면 머릿속에서 '불공평한 것 같아. 해야 하는 작업량에 비해서 대가를 너무 적게 받았어. 사람들이 날 이용하는 것 같아' 같은 생각이 끊이지 않는다. 하지만 꾸준히 참선 수행을 한 이후부터는 달라졌다. 그는 이런 생각들에 대한 집착이 적어졌음을 느꼈다. 그리고 번뇌들, 즉 슬픔, 공포, 화 등을 알아챌 수 있었다.

램은 새로 정제된 집중 능력을 이용해 필름 프로젝트를 성공적으로 완성했다. 캘리포니아의 다른 많은 젊은이들과 마찬가지로 램은 무신론자였다. 하지만 램은 주변 친구들과 대화할 때 자기도 모르게 무의식적으로 '업'과 '인과응보'에 관해 자주 이야기하기 시작했다. 램은 이제 영화 스님의 사찰인 노산사에서 불교에 귀의하고 계율을 받아 정식으로 불교인이 되었다.

영화 스님이 구글 본사로부터 초청받아 참선 법문을 하셨을 때 나의 권유로 램도 함께 갔다. 램은 구글의 한 엔지니어가 영화 스님께 던진 질문을 기억한다.

"마인드풀니스와 챤 메디테이션은 어떤 차이가 있나요?"

영화 스님은 구글 엔지니어들에게 되물었다.

"마인드풀니스는 정확히 무슨 뜻입니까?"

그러자 한 엔지니어가 이렇게 말했다.

"무슨 일을 하든 방해받지 않고 전적으로 그 순간에 있는 것입니다."

이에 영화 스님은 이렇게 말씀하셨다.

"그것이 선정이니, 이를 마인드풀니스(마음 챙김)라고 부를 필요가 없습니다."

스님은 이렇게 설명하셨다.

"마인드풀니스는 좋지 않게 번역된 개념입니다. 이는 '정념正念'이라는 불교 용어에서 유래했는데, 제대로 번역하면 '프로퍼 소트(Proper thought)'입니다."

많은 사람이 열심히 수행하다가도 갑자기 모임에 나타나지 않는 경우가 많았는데, 이들과 연락을 해보니 집에서도 꾸준히 결가부좌 수행을 하고, 힘든 일이나 스트레스가 많을 때는 인생의 밸런스를 찾으며 참선 수행을 한다는 것을 알게 되었다. 렘도 지난 1~2년 동안 모임에 오지 않았는데, 집에서 계속 결가부좌 수행을 해왔다고 했다. 나는 이들이 다시 참선 모임에 찾아오면 참선 수행으로 계속 진전할 수 있음을 상기해준다.(2019. 10)

멕시코인 후안 메디나의
수행 이야기

2017년에 후안 메디나가 노산사에 찾아왔을 때가 기억난다. 점심 공양 시간에 모든 사람이 앉아서 즐겁게 점심을 먹고 수다 떨고 쉬고 있을 때도 후안은 열심히 청소하고 절 주변 일을 도왔다. 왜 함께 점심 식사하지 않느냐고 물었더니, 열심히 수행하고 봉사해서 복을 지어야 하는데 점심을 먹으면 복이 나간다고 괜찮다고 했다.

후안은 그렇게 일주일에 한 번씩 와서 절 일을 돕고 조용히 돌아갔다. 같이 식사하자거나 간식을 먹자고 사람들이 권해도 항상 공손하게 웃으면서 사양하고 열심히 일만 했다.

오늘 영화 스님이 『육조단경』을 강설하시는 동안 2시간 내내 소리도 내지 않고 편안한 표정으로 결가부좌하고 앉아 법문을 듣는 후안을 봤다. 수행을 통해 그의 인생에 어떠한 변화가 있었는지 궁금했다.

후안은 1981년 멕시코 과달라하라시에서 태어나서 8살에 미국으로 가족과 함께 이민 왔다. 현재 그는 직업 간호사, 즉 LVN으로 일하고 있다. 11년 전 결혼을 했지만 아직 아이가 없다. 어릴 때 대부분의 중남미 사람들처럼 가족들과 함께 가톨릭 성당에 매주 빠지지 않고 다녔다. 17살이 될 때까지 매주 가톨릭 교회에 가서 종교 생활을 했다. 그러나 성인이 된 후안의 인생은 파괴적으로 변모했다. 헤비메탈 음악 팬처럼 긴 머리를 하고, 문신도 하고, 쉬지 않고 술 마시고 담배를 피웠고, 친구들과 콘서트 다니면서 노는 데만 열중했다. 미국의 많은 젊은이들과 마찬가지로 다양한 마약도 복용했다.

방향 없이 살던 후안은 인생을 바꾸고 싶었다. 하지만 어릴 때부터 다니던 가톨릭 성당으로 돌아가고 싶지 않았다. 왜냐하면 가톨릭 성당에서 제공하는 문제 해결책들은 한계가 있다고 생각했고, 설교 내용 중에 동의하지 못하는 부분들도 있었기 때문이다. 그래서 후안은 불교 사찰에 가보고 싶었다.

인터넷으로 검색을 한 후안은 먼저 일본 전통을 따르는 불교 사찰에 갔다. 1년 동안 매주 빠지지 않고 참여했지만 현실적이거나 실질적인 변화나 경험을 하지 못했다. 그가 갔던 LA의 일본식 절에는 스님이 없었고, 명상 프로그램도 없었다. 또한 구성원들이 육식을 하고 술을 마시고 담배를 피웠으며 계율을 수행하지도 않았다.

후안은 그래도 희망을 버리지 않고 영적인 삶을 위한 탐색을 멈추지 않았다. 일본식 절에 다니지 않게 된 이후 1년간 마땅히 종교 활동할 곳을 찾지 못했지만 계속 검색을 했다. 그러던 어느 날 인터넷에서 노산사를 알게 되었다. 인터넷에서 노산사의 여러 사진을 보았는데,

마음이 끌렸다.

처음 노산사로 찾아왔을 때 후안은 마음이 떨렸다. 방문한 첫날 노산사에서는 매일 새벽 3시부터 밤 12시까지 용맹정진 참선하는 '선칠' 프로그램을 하는 중이었다. 선칠 동안 영화 스님은 매일 저녁 법문을 하시기 때문에 후안은 그날 영화 스님의 법문을 들을 수 있었다. 법당 안 사람들이 결가부좌로 앉아 있는 것을 본 그는 자연스럽게 결가부좌로 앉게 되었다. 다리가 저리고 아팠지만 30분 정도 앉을 수 있었다. 영화 스님의 법문을 듣자 강하게 통하는 느낌이 들었다. 그는 이렇게 말했다.

"영화 스님의 법문이 내 마음을 감동시켰어요. 우리가 어디에서 왔든지, 또 우리가 누구인지 상관없이 열심히 하면 누구나 부처가 될 수 있다는 말씀이 마음에 와 닿았어요."

법문을 들은 후안은 자주 노산사에 와서 봉사 활동을 해야겠다고 결심했다. 복을 지을 수 있음을 배웠기 때문이고, 그것이 수행에서 제일 먼저 해야 할 일이라고 생각했다. 그는 또한 우리 스스로 세속적인 인생을 넘어 스스로의 길을 만들 수 있다는 점도 알게 되었다.

후안은 이후 매일 참선 수행을 했다. 그리고 3개월 안에 결가부좌로 1시간 이상 앉을 수 있게 되었다. 일상생활도 크게 변했다. 자연스럽게 노력 없이도 술을 마시지 않게 되었고, 마음속에서 쉬지 않고 일어나던 화가 크게 줄어들었다. 몇 개월 동안 절에서 봉사하고 매일 참선 수행을 했는데 마음에 평화가 찾아왔다. 그리고 더 좋은 아들, 더 좋은 형이 되었다.

처음 절을 찾은 후 6개월이 되었을 때 후안은 귀의하고 오계를 받았다. 수계를 한 후에는 인생에 훨씬 더 많은 변화가 생겼다. 큰 변화들이었다. 후안은 수계한 후 수행을 더욱 진지하게 생각했다. 그리고 거의 매일 2시간씩 결가부좌로 참선 수행을 했다. 그러자 주변 사람들과 환경에 관해 더욱 잘 알게 되었고, 그 덕분에 환자들도 더 잘 돌볼 수 있게 되었다. 환자들의 이야기와 아픔을 더 많은 인내 속에서 들을 수 있었고, 그들을 더 편하고 행복하게 해줄 수 있었다. 그러니 인생이 더 큰 의미를 갖게 되었다. 하지만 아픈 이들을 진심으로 열심히 돌보니 자신의 건강이 영향을 받았다.

후안은 마음을 열어 환자들의 이야기를 들어주고 진심으로 그들의 건강을 보살피다 보니 이로 인해 건강에 좋지 않은 영향이 미친다는 점을 알 수 있었다. 그래서 노산사에 계신 영화 스님의 제자 현계 스님에게 이 문제를 해결할 수 있는 좋은 방법을 문의했다. 현계 스님은 약사 불법에 관해 설명해주었다. 후안은 약사 불법의 복을 지으면 여러 건강 문제, 직장, 수행 문제들이 풀릴 수 있음을 알게 되었다. 간호사의 역할은 병이 심한 사람들의 일에 간섭하는 것이니, 이로 인해 그들의 업보로부터 영향을 받게 된다는 점을 알게 됐다. 그래서 노산사에 약사 불패를 요청했는데, 그러자마자 자주 아프지 않았고 신체 건강이 극적으로 향상되었다. 그뿐 아니라 직장에서 마음의 상태도 훨씬 안정적으로 바뀌었다.

마음이 더욱 열린 후안은 미래에 출가하는 것도 좋겠다고 생각하며 지금까지 꾸준히 수행을 도와주고 이끌어준 현계 스님에게 크게 감사하고 있다. 나는 이렇게 마음이 진실된 후안이 열심히 수행하여 가까운 미래에 큰 열매를 맺기를 간절히 바란다.(2019. 11)

참선으로 조현병을
극복하고 있는 빌리

빌리는 2018년 노산사에 참선을 배우러 왔다. 처음 봤을 때 그는 무척 불안해 보였다. 가까이 와서 인사하려고 하면 내심 피하고 싶은 마음이 생길 정도였다. 그는 43세의 멕시코계 미국인인데 조현병 환자라고 했다.

잔인하고 무서운 영화에서 단어만 들어봤던 조현병이기에 처음에는 위험한 사람은 아닌지 걱정되기도 했다. 빌리는 조현병 때문에 평범한 직장은 다닐 수 없었다. 주로 주말에 참선을 배우러 집에서 절까지 전기 자전거를 2시간쯤 타고 왔고, 봉사 활동도 매우 열심히 했다.

얼마 전 나는 빌리가 발음하기도 어려운 신묘장구대다라니를 외우는 것을 보았고, 그의 불안한 기운도 예전처럼 강하지 않다는 것을 느꼈다. 그래서 최근 그에게 참선 경험담을 다른 이들과 나누면 어떻겠냐고 제안했다. 빌리는 조현병뿐 아니라 피해망상증이 있는데도 불구하고, 비슷한 상황에 처한 다른 이들에게 도움이 된다는 말에 흔쾌하게 이 제안을 받아들였다.

빌리의 머릿속에서 많은 목소리가 들리기 시작한 때는 20여 년 전이었다. 증상이 점차 악화되었는데, 무슨 영문인지 모르는 빌리는 마약과 술로 괴로움을 줄여보려 했다. 그리고 머릿속에서 들리는 소리들을 꺼내고 싶어서 자해까지 했다. 이 모습을 본 식구들은 빌리를 정신병원에 입원시켰다. 두 번에 걸쳐 정신병원에 입원한 후 의사들은 그가 조현병 환자라고 진단했다.

덕분에 제대로 처방약을 받아 상황이 조금 나아졌지만 얼마 되지 않아 공황발작과 피해망상 증상도 시작되었다. 빌리는 다시 술과 마약에 손대기 시작했다. 그리고 거의 20년간 집에 숨어 지냈다.

2016년에 더 이상 이렇게 살지 않겠다고 결심한 빌리는 인생을 변화시킬 수 있는 방법을 찾기 시작했다. 이윽고 불교에 관심을 가지기 시작했는데, 유튜브에서 불교에 대한 내용을 검색하다가 우연히 노산사의 영화 스님의 참선 법문을 듣기 시작했다. 유튜브 법문을 통해 불교를 조금씩 더 배웠고, 큰 용기를 내서 절에 찾아왔다.

좌식 생활을 하지 않는 그로서는 반가부좌이든 결가부좌이든 쉽지 않았지만, 반가부좌부터 시작해서 결가부좌로 참선 수행을 시작했다. 주말마다 절에 와서 참선을 배웠고, 집에서도 매일 수행했다. 다리가 매우 아팠지만 포기하지 않고 열심히 했다. 놀랍게도 방 안에서 반가부좌나 결가부좌로 앉아 참선할 때는 머릿속이나 창밖에서 들리던 목소리들이 들어오지 못했다.

빌리는 지금도 매일 결가부좌로 1시간 이상씩 좌선을 하고 '나무 아미타불'과 '나무 약사여래불' 등의 염불을 한다. 그리고 스님들이 일러준 대로 신묘장구대다라니, 즉 대비주를 자주 독송한다. 우리 절의 스님들과 여러 수행자들 모두가 변해가는 그의 모습에 감동하고 있다.

조현병에도 불구하고 포기하지 않고 열심히 수행하는 빌리를 보면서, 수행하며 어려움과 장애를 겪더라도 포기하지 않고 열심히 정진하면 누구든 변할 수 있다는 것을 알게 되었다.(2019. 11)

미국 젊은 청년
'안드레스 멘도사'의 참선 수행

우리는 2018년부터 캘리포니아 LA 지역 피코리베라시의 주민센터에서 무료로 참선을 지도해왔는데, 그때 만난 여러 사람 중 한 사람이 바로 22세의 청년 안드레스 멘도사이다. 그의 부모님은 부유한 멕시코계 변호사인데 미국에서 태어났거나 어릴 때 이민 왔기 때문에 안드레스는 문화적으로나 정신적으로 전형적인 미국인 청년이다.

안드레스는 지난 7년 전부터 꾸준히 명상을 해왔다. 그의 명상법은 마음을 비우려 노력하고, 맑은 에너지(기운)에 집중하는 방법이었다. 그는 이런 명상으로 큰 효과를 보았지만, 더 많이 발전하고 싶었고, 또 함께할 도반들이 주변에 있으면 더 좋겠다고 생각했다.

명확한 어떤 지침이나 지도 없이 명상을 해왔는데, 영화스님의 『참선 지침서』를 읽고 나서 선지식을 찾아야 한다는 것을 알게 되었다. 큰 결과는 쉽게 얻을 수 없다고 믿었던 그에게는, 어렵지만 앉는 자세부터 바로 해야 한다는 『참선 지침서』의 이야기가 마음에 와 닿았다.

처음 피코리베라 주민센터에 참선을 배우러 왔을 때 그는 어려운 과정을 경험하면 더 큰 결과를 얻을 것이라는 믿음이 있었다. 하지만 실제로 앉아보니 반가부좌 자세에서도 끊임없이 다리를 풀고 싶어졌다.

나는 그날 안드레스에게 2분에 한 번꼴로 "다리 풀면 안 돼요!"라고 외쳤다. 그도 나에게 "결가부좌 자세를 꼭 정복해보고 싶어요"라고 말했다. 나는 그에게 이렇게 말했다.

"앉아서 느끼는 어려움이 바로 첫 시험이고, 너무 쉬운 일에는 이익이 없죠. 더욱더 어려울수록 강해질 수 있어요. 헬스클럽하고 비슷해요. 지금 다리 아픈 것에 반응하는 그 마음은 우리가 일상생활에서 경험하는 어려운 일들에 반응하는 그 마음과 같은 겁니다. 그러니 아무런 반응도 보이지 않고 참으면 어려운 상황과 스트레스를 더욱 잘 견디는 강한 마음을 키울 수 있게 될 겁니다."

결가부좌는 처음에는 결코 쉬운 자세가 아니다. 안드레스는 결가부좌로 오래 앉으면 좋다는 말에 약간 망설이기도 했지만 첫 수업 이후 계속 해봐야겠다고 마음먹었다. 아픈 다리를 참지 못하는 자신에게 화가 나기도 했고, 기필코 결가부좌 자세를 정복해보겠다는 마음도 굳게 들었다. 앉을 때마다 다리가 아팠지만 신기하게도 앉은 후에는 마음이 더욱 평화로워졌다.

안드레스는 처음 참선 교실에 참석한 이후 집에서도 매일 참선을 했다. 반가부좌로 매일 15분씩 앉았는데, 고통이 강렬했다. 이 짧은 참선으로도 집중력이 향상되는 것을 경험했다. 향상된 집중력으로 어려운 일도 더욱 긴 시간 동안 몰두할 수 있었다. 음악을 전공한 그는 피아노 연주도 더 잘되는 것을 느꼈다.

처음 이 스타일의 참선을 시작했을 때, 안드레스는 왼쪽 무릎에 부상이 있었다. 그래서 반가부좌로 앉으면서 결가부좌는 매우 어려울 것이라 생각했다. 하지만 3주 안에 성공적으로 결가부좌를 할 수 있었다. 그리고 부상이 있는 무릎이 약간 걱정스러웠는데, 신기하게도 결가부좌로 앉으면서 부상이 더 빨리 회복되었다.

처음 참선 교실에 참석한 이후 안드레스는 2개월 반 안에 결가부좌 자세로 1시간 앉을 수 있었다. 불과 4개월 전까지만 해도 그는 마리화나를 피우고, 친구들과 자주 술 마시고 문란한 생활을 했다. 어느 날 그는 마리화나와 음주가 마음을 망치고 있다고 느꼈다. 그래서 단번에 술과 마리화나를 끊었다.

참선을 시작하면서 그는 불교의 정법을 배웠고 선화 상인의 법문과 불경 강설집도 읽기 시작했다. 참선도 매일 빠지지 않고 했다. 작곡할 때 집중력과 창의력이 더욱 좋아졌고, 작곡한 음악도 더욱 강렬해졌다.

안드레스는 내게 이렇게 말했다

"어떤 명상인들은 명상의 목적을 유체 이탈 체험이라든지 기 흐름 등에 둡니다. 하지만 수행을 통해 선정의 힘, 즉 선정 단계를 키우는 데 힘을 쏟으니 시간과 에너지를 낭비하지 않을 수 있어서 좋아요."(2020. 1)

결가부좌 기사 읽고 수행 시작한
이선미 씨의 수행 이야기

2019년 말 결가부좌에 관해 내가 쓴 글을 읽고 수행하기 시작한 이선미 씨가 내 글들에 댓글을 달기 시작했다. 댓글을 읽어보니 결가부좌로 앉으면서 열심히 수행하니 문제들이 발생하기 시작한 듯했다. 그래서 열심히 수행하면 여러 장애를 만나기 마련이니 질문이 있으면 언제든 연락하라고 쪽지를 보냈다.

며칠 후 이선미 씨가 내게 카카오톡으로 연락을 했다. 미국의 사찰로 공양금을 보내도 되는지, 큰 금액이 아니지만 어떻게 보낼 수 있는지 궁금하다고 했다. 나는 속으로 '흠, 나랑 잘 모르는 분인데 어떻게? 신기한 일이니 연락해봐야겠다'라고 생각하고 이선미 씨에게 일단 전화를 했다. 그녀는 이렇게 말했다.

"현안 스님 글을 읽고 지난 2개월 동안 매일 결가부좌 수행을 했어요. 필라테스는 큰 비용을 들여서도 하는데, 이렇게 심신에 많은 변화를 준 수행을 배우면서 아무런 보시도 하지 않는 것이 미안했어요."

나는 그녀와 대화하며 결가부좌를 시작한 사연과 수행하며 경험한 변화들에 관한 이야기를 들었다.

서울에 거주하고 있는 이선미 씨는 예쁜 딸과 아들이 있는 젊은 엄마다. 그녀는 한 명상 단체에서 9년 넘게 수행을 해왔다. 이 단체는 처음부터 좌선을 하지는 않고, 동작과 회로라는 기 명상으로 무의식의 때를 비우고, 지도자가 확인하여 회로를 마치라는 명을 받으면 본격적으로 호흡 명상을 한다고 한다. 선미 씨는 수행이 익숙해질 때부터 매일 1시간씩 지도에 따라 열심히 수행했지만 10년 가까이 되도록 심화 단계로 나아가지 못했다. 그 단체의 지도 원장님은 마칠 때가 거의 됐다고 말하곤 했지만, 회로를 마치기 위해 여러 번 확인해봐도 계속 회로만 더 하게 되었다.

이선미 씨는 예전에 우연한 기회에 결가부좌로 앉아 호흡에 집중한 적이 있었는데, 몇 분의 짧은 시간이었지만 집중의 깊이가 사뭇 다르다고 느꼈다. 그 후부터 인터넷으로 결가부좌에 관해 검색하기 시작했고, "현안 스님의 수행 이야기"를 읽었다. 이 글을 통해 결가부좌의 효과뿐 아니라 결가부좌를 해야 하는 이유, 바른 자세와 기의 흐름 등을 자세히 배울 수 있었다.

결가부좌를 수련하기 시작한 지 며칠 되지 않은 그녀는 전에 하던 회로 수련에서도 바로 심화 과정으로 올라갈 수 있었다. 심화 과정으로 올라가지 못해 맴돌고 있었는데, 마치 핵심 열쇠를 발견한 느낌이었다.

이처럼 결가부좌 수련으로 놀라운 경험을 하고 나니 더 이상 이 자세에 의문을 품을 이유가 없었다. 어려운 자세인만큼 다리가 아팠지만 참고 계속 수련하게 되었다.

그녀는 결가부좌 수행을 하며 '결과가 보이는 수행이 되어야 한다는 것과, 수행의 진전이 멈추지 않고 계속되어야 한다'는 것을 배웠다. 그녀는 불교에 대해서 아는 것이 별로 없었고, 수행에는 다양한 방법이 있는지도 몰랐다. 나는 여러 차례 문자와 통화를 통해 그녀에게 호흡관 외의 다른 수행법도 설명해주었다. 그녀는 결가부좌 자세가 아플 때는 호흡법만 고집하지 않고 염불이나 만트라도 하기 시작했다. 일상생활에서도 마음이 흐트러질 때 만트라를 하면 마음이 잘 모인다는 것도 경험으로 알게 되었다.

그녀는 이러한 여러 가지 이유로 2019년 9월 초부터 지금까지 매일 1~2시간씩 수행을 해왔다. 결가부좌로 앉는 고통이 너무 심해서 흰 머리가 나올 정도였고, 한 달이 넘도록 1시간 반 이상을 해도 아픔 고비를 넘기지 못했다. 그러던 중 어느 날 그녀는 곡성 성륜사에 방문하기로 결심했다. 좋은 기운을 받고 오면 잘 앉을 수 있지 않을까 해서 아이들을 데리고 갔다. 집에 돌아온 그녀는 드디어 결가부좌로 2시간을 해냈다. 그 후로 2주 전부터 지속되던 두통이 사라졌다. 그녀는 수행 시간을 조금씩 늘려갈수록 일상생활에서도 내면이 더욱 강건하고 고요해짐을 느꼈다. 그리고 명상할 때 앉아 있는 시간은 아프지만, 그 영향으로 하루 종일 마음이 부족함 없이 윤택해짐을 알게 되었다.

그녀는 결가부좌 수련을 시작한 이후로는 직장이나 집에서 화를 내는 일도 거의 없어졌고, 수행에 화는 좋지 않다는 것을 배워 더욱 화를 단속하게 되었다. 수행할 때 다리가 더 아플 것 같아서 평소에 작고 사소한 거짓말도 하지 않으려 노력하게 되었다. 운전할 때에도 바쁘고 예민해져 급브레이크를 밟거나, 차선을 변경해가며 고속으로 달리던 습관이 없어졌다. 어느 순간 다른 사람들에게 양보하면서 2차선으로 평안하게 운전하고 있는 자신을 발견하고 스스로 놀라기도 했다.

그녀는 많은 기대를 하고 시작한 것이 아니지만 이렇게 봄에 눈이 녹듯이 생활이 자연스럽고 전반적으로 변화하자 크게 놀랐다. 예전에 아이들을 야단칠 때에는 간혹 더욱 뾰족한 기운이 나갔는데, 결가부좌를 시작한 이후로는 감정이나 욱하는 화도 더 잘 제어되었다.

불법佛法은 정말 현실적인 것이다. 아무리 유창하게 불교에 관해 설명할 수 있어도 실제로 심신의 변화가 없다면 쓸모가 없다. 영화 스님은 늘 불교는 "해야 하는 것"이고, "결과가 더 큰 목소리로 말해준다"라고 하셨다. 그녀의 어린 두 아이도 엄마가 열심히 수행하는 것을 보고는 시키지도 않았는데 결가부좌 앉기를 따라 하기 시작했다. 이런 아이들도 참선의 안락을 경험하면 억지로 시키지 않아도 스스로 하게 된다. 이렇게 대승의 향기는 조금씩 퍼져 나간다.(2020. 1)

나무 관세음보살을 외우는
필리핀인 '피아'의 수행 이야기

우리는 2019년부터 매주 토요일마다 LA 한인타운에서 무료로 참선 교실을 운영해왔다. 어떤 날에는 많은 사람이 올 때도 있고, 달랑 학생 한 명만 오는 날도 있었다. 특히 햇빛이 뜨거운 여름이 되면 공원이나 해변에서 친구들과 시원한 맥주도 한잔 하며 즐거운 시간을 보낼 수 있는데, 참선 교실에 와서 다리의 아픔을 참으면서 수행한다는 것은 쉬운 일이 아니다.

그럼에도 불구하고 거의 한 번도 빠지지 않고 참선 교실에 온 학생이 있다. 그녀의 이름은 피아다. 피아는 필리핀에서 태어나서 미국으로 이민 온 39세의 싱글 여성이다. 현재 미국 LA 한인타운에 살고 있다. 그녀는 예전에 한인타운에서 가까운 실버레이크 지역에서 명상을 배웠다. 편하게 앉아서 또는 누워서 하는 이런 명상으로 큰 효과를 보지 못한 피아는 제대로 하는 명상을 배워보고 싶어서 왔다고 했다. 여름 날씨가 아주 더울 때 학생들이 다 빠지고 피아만 참석한 적이 몇 번 있었다.

피아와 나는 그저 인사를 나누고 좌선 자세를 취한 후 20~30분간 결가부좌로 앉고는 질문이나 대화 없이 "자, 그럼 다음 주에 또 봐요" 하고 수업을 마치곤 했다. 그녀는 별다른 설명이 없는 나에게 불평하지도 않았고 참선을 그만두지도 않았다.

그녀는 무에타이를 취미로 연마하기 때문에 손목과 다리에 부상을 달고 산다. 그래서 여름 내내 참선 교실에 와서 참선하면 반가부좌도 제대로 할 수 없기 때문에 그 모양새가 재미있었다. 앉는 자세는 우스웠지만 한인타운 학생 중 가장 열심히 하는 학생이었다.

피아는 예전부터 마음이 갈피를 잡지 못했고, 쉬지 않고 생각이 많았다. 또 하고 있는 일에 집중도 잘하지 못했다. 그런 이유로 명상을 찾게 된 것이다.

예전에 했던 것을 '게으른 명상'이라고 부르는 피아는 다리의 아픔을 참고 견디는 참선법은 쉽지 않아서 더 하고 싶었다고 한다. 그래서 무엇을 '게으른 명상'이라 하는지 물어보았더니, 예전에 한 것은 편한 자세로 마음을 이완하고 편안함을 추구했다고 했다. 그녀는 오히려 아픔을 피하지 않고 정면으로 부딪혀야 한다는 것이 제일 마음에 들었다고 한다. 다리가 유연하지 못한 피아는 반가부좌를 하거나 무릎 부상이 있는 다리를 펴고 앉아야 했다.

이렇게 매주 참선 교실에 빠지지 않고 참석하던 그녀는 어느 날 친구들과 함께 술을 한잔하러 놀러 나갔다. 한 친구가 술이 취해서 욕을 하면서 거칠게 행동했다. 같이 간 친구들은 모두 이 술 취한 친구 때문에 기분이 상했다. 하지만 피아는 아무런 반응을 보이지 않았다. 친구들은 이런 변한 피아를 보고 놀랐다.

참선 수행을 꾸준히 한 피아는 다른 사람들이 공격적으로 변할 때 이에 반응을 할 필요가 없어졌다. 참선을 통해, 다른 이들도 그냥 그들 나름대로 문제가 있고, 그런 문제들 때문에 힘들어한다는 것을 알게 되었다. 이제 피아는 그냥 본인의 문제에만 더욱 포커스를 맞추고 싶어졌다. 술에 취해 사람들에게 횡포를 부렸던 친구는 이런 피아의 모습을 보고, 그 후로 술도 줄이게 되었다.

처음에는 자세히 설명하거나 기법도 알려주지 않고 그냥 일단 계속 길게 앉으라고만 했는데도 피아는 불평하지 않고 몇 달간 열심히 수련하였다. 그런 그녀가 대견해서 "나무 관세음보살"을 외우라고 지도해줬다. 그녀는 당장 관세음보살이 새겨진 대추 염주를 주문해서 앉을 때마다 열심히 염불했다. 다리 부상이 있을 때에는 약사여래불을 외우기도 하였다. 피아는 호흡을 보는 것보다 염불이 집중에 훨씬 도움이 되었다면서, 참선 교실에 참석한 다른 사람들에게도 열심히 홍보했다.

피아는 "게으른 명상은 그냥 찜질방 가는 거랑 똑같아요. 할 때는 편안하고 좋은데, 변하는 것이 없었죠. 찬(참선)을 수행하면서 정신적으로 편안해진 것을 경험했습니다"라고 말했다. 이렇게 선이라는 것은 말로 하는 것이 아니라, 해야 하는 것이다. 영화 스님이 늘 하셨던 말씀처럼 "수행은 결과가 말해주는 것"임을 피아를 지도하고 더욱 확고히 알게 되었다.(2020. 3)

수행의 힘으로,
20대 후반 청년의 이야기

최근 아주 재미있는 참선 학생이 생겼다. 20대 후반의 청년인 이 학생은 대학교를 졸업한 후 현재 방역(전염병의 발생을 미리 막는 일) 관련 일을 하고 있다. 나는 작년 말 그가 처음 네이버 카페에 결가부좌 자세에 대한 질문을 하면서 그를 알게 되었다. 많은 사람이 결가부좌 수행을 시작하면서 겪는 문제와 의문에는 공통된 점이 많다. 그도 역시 어느 발을 먼저 올리는 것이 좋은지, 그리고 결가부좌로 앉을 때 발을 높고 깊게 올리는 것이 좋은지 아니면 양 발목을 얕게 올리는 것이 좋은지 등을 물었다.

많은 사람이 결가부좌 수행을 할 때 다리가 저리고 아프기 시작하면 균형을 맞추기 위해 방향을 바꿔서 앉는다. 사실 왼발을 먼저 올리고 오른발을 나중에 올리는 길상좌로만 앉는 것이 좋다. 결가부좌를 풀지 않고 장시간 앉을 수 있게 수련해야 기 순환이 순조롭게 된다. 다시 말해서 기 순환이 역류하지 않는다. 그리고 한 방향으로만 앉아도 골반이 열리고 자세가 교정되면서 저절로 틀어진 골반도 교정되고, 척추도 잘 펴지게 된다. 당시 그는 결가부좌로 하루 3번 20분씩 앉아서 수행했는데, 전화 통화를 하면서 되도록이면 한 번에 몰아서 길게 앉도록 권했다.

대부분 사람들이 처음 결가부좌로 1시간 이상 앉아 아픔 고비를 돌파하려면 매우 힘들다. 그 고비를 넘기려면 아주 강렬한 아픔과 괴로움을 견뎌야 한다. 그렇기 때문에 그가 포기하지 않았으면 해서 간혹 한 번씩 연락을 해보았다. 그리고 열심히 수행하는 그가 어떤 분인지 좀 더 알게 되면 수행에 대한 현실적인 조언들을 할 수 있을 것이라 생각해서 카카오톡으로도 연락하기 시작했다. 그의 앉는 자세를 확인해보기 위해 결가부좌로 앉은 사진도 보내달라고 했다. 처음 그가 사진을 보내줬을 때 사실 나는 충격이 컸다. 병실에서 환자복을 입고 한쪽 발에 깁스를 하고 결가부좌한 사진을 보내줬기 때문이다.

그는 앞뒤 설명도 없이 이런 사진을 보냈다. 순간 나는 약간 놀라서 '내가 분명히 이 사람한테 다리 부러져도 결가부좌하면 좋다고 말한 적이 없는 것 같은데, 뭐지? 다리 부상에 결가부좌해도 된다고 말한 적은 분명 없었을 텐데, 혹시 내가 실수로 그렇게 써서 올린 건 아니겠지?'라는 생각이 들었다. 그에게 어떻게 된 일인지 물었다.

사실 그는 불교와 인연이 깊다. 중학생 시절 그는 사고뭉치였다. 하지 말라는 것만 골라서 하는 문제 학생이었다. 그렇게 하면서도 그는 스스로 그런 자신의 모습이 싫었다. 그의 어머니는 그에게 스님을 한번 만나고 오라며 절에 보냈다. 그 뒤로도 그는 여러 스님과 군법사님들과 인연이 되어 불교에 계속 관심을 두었다. 스님들이 계셔서 그는 잘못된 습관들을 고칠 수 있었고, 학업에 흥미를 가질 수 있게 되었다.

그는 중학생 때 만난 스님들을 통해 염불, 광명 진언, 절, 사경 수행을 배웠고, 특히 관세음보살 염불을 좋아했다. 염불은 언제 어디서나 해도 좋다고 배워서 앉아서, 누워서, 활동하면서 생각이 나는 대로 계속 했다. 하지만 그는 염불할 때 집중하기가 어려웠다. 하다 보면 졸고, 잡생각에 빠져들고, 마음이 힘들 때는 수행을 열심히 하다가도 상황이 좋아지면 그만두기를 반복했다. 그래서 그는 좌법에 관심이 생기기 시작했다. 처음에 무릎을 꿇고 앉아서 염불을 시도했다. 그러던 어느 날 그는 우연히 결가부좌에 대한 글을 보고 관심이 생겼다.

2년 전 그는 결가부좌 사진을 찾아보고 겨우겨우 혼자서 억지로 자세를 만들어 30분 정도 앉아보았다. 자세가 어렵고 힘들어서 염불을 하지도 못했지만 몸에 전기가 흐르는 듯한 느낌이었고, 땀은 삘삘 흘렀지만 마음이 자동으로 고요해졌다. 이런 경험을 했지만 결가부좌 수행을 지속하지 못했다. 오른발을 먼저 올려야 하는 것인지, 왼발을 먼저 올려야 하는 것인지도 알 수 없었고, 불편하게 앉아서 수행을 하느냐는 의구심이 자꾸 들었다. 그래서 그는 자연히 더 편한 방법을 찾았고, 결국은 그만두게 되었다.

그러던 가운데 그는 작년에 내가 결가부좌에 관해 쓴 글들을 보고 다시 결가부좌를 시작했다. 그는 예전에 예불, 진언, 사경, 절을 하면서도 참선이 수행인지 몰랐다. 그는 인터넷 카페에 결가부좌에 관한 질문을 올려 답을 얻은 후에도 무릎을 꿇고 앉아 수행했다.

그러던 어느 날 그는 발을 잘못 딛는 바람에 떨어져 다리를 다쳤다. 하반신 마취를 하고 수술실에 누워 있었는데, 다리를 꼬집고 움직이려 해도 움직이지 못했다. 그때 그 다리를 보고 이상한 기분이 들었다. 마음속으로 조용히 염불하면서 수술을 마치고 병실에 누워 있었는데, 중학생 시절 선방으로 쫓겨났을 때 어떤 스님이 "너는 누구냐? 다리가 없어지면 너는 누구냐? 팔이 없어지면 또 너는 누구냐? 고민 한번 해봐라"라는 말씀을 해주셨던 기억이 났다. 그리고 그는 갑자기 결가부좌를 해야겠다는 결심을 했다.

신기하게도 결가부좌로 앉아 수행을 하면 할수록 수술 부위의 다리 통증은 사라졌다. 의사 선생님들도 회복이 매우 빠르다고 했고, 수술과 회복도 아주 순조로웠다. 그런데 신기하게도 내가 때마침 그에게 연락하기 시작했고, 결가부좌의 장점과 이점을 설명해주기 시작했다. 그는 결가부좌로 조금씩 더 오래 앉는 연습을 하게 되었고, 실제로도 마음이 많이 편해지는 것을 느낄 수 있었다. 그래서 병원 생활도 불편하기는 했지만 불행하다고 느끼지 않았다.

그는 결가부좌로 참선하기 시작한 후 많은 변화를 경험했다. 이해가 되지 않았던 법문이 갑자기 이해될 때도 있고, 본인도 모르게 누군가에게 도움을 주기도 하고, 주변 사람들의 문제를 더 잘 들어줄 수 있게 되었다. 예전에는 스스로의 고민과 감정이 제일 중요했는데, 이것들이 조금씩 떠나가니 주변을 더 잘 살펴볼 수 있게 되었다.

더 큰 변화는 마음속의 쾌와 불쾌 사이의 거리가 많이 좁아졌다는 것이다. 그는 예전에 좋아하는 것은 미친듯이 갖고 싶어 했고, 싫어하는 것은 아예 거들떠보지도 않았다. 지금은 그렇게 좋지도 싫지도 않다. 외부 조건에 따라 마음이 동요하는 일이 크게 줄었다. 지금도 친구들을 만나서 함께하는 것이 매우 즐겁다. 그는 원래 사람들과 어울리기를 매우 좋아한다. 지금도 친구들과 만나서 무언가를 함께하는 것이 매우 즐겁다.

하지만 이런 활동들도 그가 가진 근본적인 문제를 해결해주지 못했다. 다른 사람들과 함께하면서도 그는 마음이 끊임없이 요동치는 것을 보았다. 이것은 수행을 통해서만 해결할 수 있다고 믿게 되었다. 수행하고 맑은 마음을 가져야만 주변 사람들에게 좋은 영향을 줄 수 있고, 도움을 줄 수 있다는 것도 알았다.

그는 처음 결가부좌를 시작했을 때 시간이 허락할 때마다 30분 정도 앉았다. 스스로가 변화하는 모습을 느낀 그는 거르지 않고 계속 수행했다. 처음 몇 달 동안은 결가부좌로 40분 이상 넘기는 것을 매우 어려워했는데, 나는 계속 할 수 있을 것이라고 독려하고 더 길게 앉을수록 좋다고 이야기해줬다.

그는 요즘 출근 전 그리고 잠들기 전에 1시간씩 앉으려고 매우 노력한다. 어느 때는 너무 아프고, 또 어느 때에는 저절로 미소가 지어지고 감사한 마음이 들기도 한다. 놀고 싶은 마음에 시간을 다 채우지 못하는 날도 있지만, 매일 하루도 거르지 않는 것에 의의를 두고 있다. 그가 하루라도 수행을 거르고 놀면 어떨까 하는 마음이 들면 신기하게도 내가 갑자기 연락을 해서 "수행은 잘하고 있죠?"라고 물어본다고 한다. 그럴 때면 그는 어쩔 수 없이 쉬지 않고 또 앉게 된다.

수행을 지속적으로 하면서 그는 식욕도 줄고, 잠도 줄었다. 그리고 화도 많이 줄어들었다. 그는 아직도 아침잠이 많아서 일어나기가 힘들지만, 잠을 줄이고 수행하는 것이 하루를 더 평안하게 해주고 활력을 주기에 항상 수행하려고 노력한다. 수행으로 얻은 힘으로 일에 더욱 집중할 수 있게 되었다. 또한 바쁜 와중에도 여유로운 마음을 유지할 수 있게 되었다. 수행으로 경험한 변화가 앞으로도 멈추지 않고 수행해야 할 명확한 이유가 된 것이다. 그는 수행을 계속하면서 예전부터 있었던 더 많은 고통을 볼 수 있게 되었다. 그리고 그 고통의 뿌리가 매우 깊다는 것도 알게 되었다. 그런 이유로 그는 무슨 일이 있어도 매일 수행하는 것을 원칙으로 하고 있다. 그는 이렇게 불법과 참선을 수행할 수 있게 되어 매우 기쁘다고 한다.

　최근 한국뿐만 아니라 전 세계적으로 종교에 대한 관심이 줄어들고 있다. 특히 한국 불교 인구의 노령화 현상도 심하다고 한다. 앞으로 그와 같은 20대 젊은이들이 참선을 통해 인생의 변화를 경험하고, 수행을 통해 인생의 조화와 안정을 찾기를 바란다. 그렇게 된다면 자연스럽게 더 많은 젊은이들이 불법에 관심을 기울이고, 불교도 더욱 활성화될 수 있을 것이다. (2020. 5)

실리콘밸리 과학자의 염불 수행

2018년 영화 스님은 출재가자 수행자들과 함께 샌프란시스코, 오클랜드, 산호세 등 북가주의 주요 도시에서 참선 워크숍을 여셨다. 영화 스님은 제자들에게 앞으로 가까운 미래에 북가주에서 참선을 지도하여 이 지역의 뛰어난 인재들이 선을 경험하게 하고, 실생활에 도움이 될 수 있도록 해야 한다고 말씀하셨다. 실제로 실리콘밸리의 엔지니어들은 미국뿐 아니라 전 세계의 최첨단 기술을 이끌고 있다. 실리콘밸리에는 구글뿐 아니라 인텔, 이베이, 시스코 시스템스, 애플, 휴렛패커드, 오라클, 야후 등 기술의 진보를 책임지고 있는 많은 회사가 자리잡고 있다.

참선 워크숍에 찾아온 참여자들 중 한 사람인 아라빈드 나타라쟌(Aravind Natarajan)은 이런 회사의 인재들 중 하나다. 아라빈드는 핏빗(Fitbit)에서 연구하고 있다. 실리콘밸리의 벤처기업인 핏빗은 하루의 걸음걸이 수, 달린 거리, 소모 칼로리, 수면 시간, 심장박동수 등을 측정해 데이터화하는 스마트워치 등을 생산한다. 건강관리용 웨어러블 시장에서 48퍼센트의 시장 점유율을 차지하고 있으며, 최근 구글에 합병되어 더욱 성장할 것으로 보인다.

인도에서 태어난 아라빈드는 물리학 박사 학위를 취득한 후 연구원이 되기 위해 미국으로 왔다. 이후 데이터 과학, 머신 러닝 그리고 인공지능 분야에 관심을 갖기 시작하여 베이에이리어(샌프란시스코 지역)로 이사 왔다.

예전부터 일체 중생을 향한 비폭력과 자비의 메시지를 좋아한 아라빈드는 불교 예불을 보며 평화를 느끼고 불교에 관심을 두기 시작했다. 그는 2014년에 인도의 도시 라다크(티베트와 가깝다)에 있는 불교 사찰에서 짧은 기간 동안 영어 선생님으로 봉사했다. 이때 처음으로 불교를 경험했다. 이후 그는 연구 활동을 위해 일본을 여행했다. 하세카논 사찰을 포함하여 가마쿠라와 그곳의 유명한 가마쿠라 대불(鎌倉大佛)을 방문했다. 아라빈드가 거주하는 샌프란시스코에서 그리 멀지 않은 도시 유카야에는 선화 상인의 사찰인 만불성성萬佛聖城이 있다. 그는 만불성성의 예불을 좋아해서 시간이 될 때마다 참석한다. 선화 상인의 상좌인 항실恆實(Heng Sure) 스님이 주지로 있는 버클리 사찰에서 토요일 아침에 여는 법회에 가는 것도 좋아한다.

2년 전부터 핏빗에서 일하기 시작한 그는 회사의 마음 챙김 명상 수업에 매주 참석했다. 마음 챙김 명상 수업은 매우 즐거웠지만 명상에는 이보다 더 많은 것이 있을 것이라고 느꼈다. 그래서 초심자를 위한 명상책을 찾아보기 시작했다. 그렇게 해서 영화 선사의 『참선 지침서

(The Chan Handbook)』를 찾게 되었다.

아라빈드는 샌프란시스코에서 열린 참선 워크숍에서 영화 선사와 그 출재가자 제자들을 만난 일을 행운이라고 생각한다. 그때 영화 스님이 수행으로 신체적, 정신적 웰빙을 향상하고 더 좋은 인간이 될 수 있는 능력에 대해서 설명해주셨다.

아라빈드는 작년과 올해 항실 스님의 버클리 사찰에서 주최한 3일 아미타불 염불 수행에 참여했다. 만불성성에서는 관음보살을 염불하는 수행 프로그램에 매년 3번씩 참여하고, 토요일과 일요일 법회에도 참여했다.

이후 아라빈드는 위산사에서 영화 스님이 지도하시는 7일 염불 수행인 불칠에 처음으로 참여했다. 사찰에서 숙식하며 정진하는 경험도 처음이었다. '불칠'이라고 하는 아미타불 염불 집중 수행은 새벽 4시의 아침 예불로 시작하여 쉬는 시간이 거의 없이 아미타경 독송, 아미타불 염불을 하며, 저녁 7시에 열리는 영화 스님의 법문 후 대회향, 삼귀의 등을 하고 나면 대부분 밤 9시나 10시에 끝난다.

첫날을 마쳤을 때, 아라빈드는 극도로 피곤하여 아래층에 겨우 기어 내려가서 양치질을 했다. 그때 그의 마음속에는 '내가 뭘 하려고 온 것이지? 일주일을 무사히 마칠 수 있을까?'라는 의문이 생겼다. 그런데 2일이 지난 후 일정에 점점 익숙해졌다. 흥미롭게도 일주일 프로그램이 진행되면서 점점 수행이 쉬워졌다. 일주일이 끝날 무렵에는 평소보다 에너지도 넘쳐났다. 먹기도 더 조금 먹고, 잠도 더 조금 잤는데 말이다!

아라빈드는 "염불과 참선이 마음의 평화로운 경계를 얻도록 해줬습니다"라고 말했다. 또한 "이 수행은 대단히 이로웠고, 모든 이들이 시도하길 바랍니다"라며 "다른 이들에게도 권하고 싶다"고 말했다.(2019. 12)

참선으로 우울증 이겨낸
미국 인디언 리자베스

　　　　　　　　지난 몇 년간 참선 교실을 운영하면서 만
난 많은 학생 중 리자베스는 학생이면서 또한 좋은 도반이고 친구다.
아메리카 원주민 부족의 집안에서 태어난 그녀는 뛰어난 기감이 있
다. 스스로 느끼고 아는 것이 많으면서도 말을 많이 아끼는 편이다.

　처음 그녀를 만난 것은 지난 2016년 여름이었다. 공원에서 참선 교
실을 준비하는데, 머리카락을 허리 아래까지 길게 늘어뜨린 한 여성
이 다가와 "명상 교실 참여비가 얼마인가요?"라고 물었다. 나는 이렇
게 대답했다. "네? 당연히 무료랍니다." 그녀는 매우 반가워하며, 아들
하고 공원에 나왔는데 같이 참여해도 되는지 물었다. "물론이죠. 이제
막 참선 교실을 시작할 것이니 함께 앉아요."

　리자베스(우리는 그녀를 짧게 '리즈'라고 부른다)는 처음 참여하는데
도 불구하고 결가부좌에 대한 설명을 듣더니, 모든 설명에 동의하는
표정이었다. 이런 불편한 자세로 앉으라 하면 논리적으로 말이 안 된

다고 생각할 수 있도 있었을 텐데 리즈는 내가 하는 말이 모두 다 옳다며 기뻐했다.

더 놀라운 일은 당시 리즈는 한쪽 무릎에 압박붕대를 차고 왔는데, 아무런 거리낌 없이 결가부좌로 앉았다는 것이다. 나는 결가부좌를 어떻게 하는지, 그리고 이 자세의 이점이 무엇인지 설명하고 있었다. 여러 학생을 돌아가며 쳐다보다가 속으로 '아, 처음 온 저 여자분은 무릎에 문제가 있는 것 같으니, 너무 억지로 하지 말라고 해야겠다'고 생각했다. 그런데 순식간에 이미 그녀는 결가부좌 자세를 하고 있었다. 아프다거나 불편하다는 말은 하지 않고, 앉자마자 하는 말이 "와! 어머, 너무 좋네요!"였다. 그리고 여러 학생과 함께 15~20분 정도 좌선에 들어갔다. 참선을 마쳤을 때, 그녀가 좀 다르게 보였다. 참여한 학생들도 그녀가 좀 달라 보인다 했다. 리즈는 참선을 하니 마음이 편안해졌다면서 매우 좋아했다. 그날 이후 아들과 함께 거의 매주 빠지지 않고 열심히 공원에 찾아와 참선을 하기 시작했고, 이듬해에는 공원 대신 영화 스님이 지도하시는 노산사의 토요 참선 교실에 참여했다.

리즈는 3년이 지난 지금도 매우 열심히 참선하고, 절에도 자주 와서 수행하고 있다. 내가 외부에서 하는 참선 워크숍도 적극적으로 지원해주고 있다. 결가부좌, 참선 그리고 염불이 생활에 어떻게 긍정적인 변화를 일으키는지에 관한 경험을 나누고, 이 수행이 종교와 상관없이 누구에게나 유익하다며 사람들에게 용기를 북돋아주었다.

얼마 전 그녀에게 연락해서 지난 3년 동안 수행을 통해 변화를 겪은 경험담을 다른 이들과 나누면 어떻겠는지 물어보았다. 그녀는 매우 흔쾌히 자기 자신의 내면과 주변 가족들의 변화에 대한 이야기를 글로 써서 보내주었다. 보통 개인적으로 겪는 심각한 심적 괴로움과 가족 문제는 쉽게 공개적으로 나누기 어려운 일인데, 그녀는 주저하지 않고 경험담을 나눠주었다.

리즈는 38세로 아메리카 원주민의 한 부족인 야키족 출신이다. 그녀의 어머니는 야키족과 노르웨이 혼혈로 미국 북가주에서 태어났고, 아버지는 스페인계와 후이촐족 혼혈 미국인인데 멕시코에서 태어났다. 그녀가 어릴 때 부모님은 별거를 하였다. 리즈는 16살의 아들이 있다. 아들도 엄마와 함께 참선 교실에 와서 수행하고 있다.

처음 리즈가 참선을 시작한 이유는 우울증 때문이었다. 그녀를 만나면 몸도 건강하고 목소리도 우렁차며 매우 긍정적인 태도에 잘 웃기 때문에 사람들은 그녀가 우울증이 있다는 것을 알지 못한다. 리즈가 처음 참선 교실에 참여할 즈음 당시 배우자와 이혼하는 과정에 있었기 때문에 그녀의 마음은 더욱 힘들었다. 게다가 그녀의 어머니는 양극성 우울증이 있고, 여동생은 지적 장애가 있다. 여동생은 식구들과 늘 싸우려들기 때문에 리즈는 이런 여동생과 어머니 모두를 돌보아야 하는 상황이다. 고등학교 다니는 아들은 매우 착하고 엄마를 잘 이해해주는 편이고, 선생님들도 이런 착한 성품에 대한 칭찬을 많이 한다. 하지만 이런 가정환경에 있다 보니 착한 아들조차 그 영향을 받기 시작해서 학교 성적이 떨어지기 시작했다.

리즈는 혼자 차에 앉아서 자주 눈물을 흘렸다. 자주 화가 나는 자기 자신이 싫었다. 어떤 날은 불면증에 시달리고, 어떤 날은 잠을 너무 많이 잤다. 낮잠을 자는 날에도 피로가 풀리지 않았다. 그런 와중에 무릎 부상과 허리 통증도 있었다. 사는 것이 전체적으로 행복하지 못했다.

결가부좌로 앉아서 아미타불을 염불하기 시작했을 때, 리즈는 온몸이 치유되는 것을 경험했다. 무릎 부상도 빨리 회복되었고, 허리 통증도 많이 완화되었다. 그녀는 몇 달간 열심히 수련해서 매일 결가부좌로 1시간씩 앉을 수 있게 되었다. 그러니 피로 회복도 훨씬 잘되었다. 곧 불면증도 없어졌고, 밤에 뒤척이지 않고 잠도 편히 잘 수 있게 되었다. 더 많이 잔 것도 아닌데 아침에 일어나면 심신이 더욱 개운했다. 점차 복잡한 생각들도 정리되기 시작했고, 집중력도 향상되었다. 더 이상 화나거나 우울하지 않아서 생각도 더욱 명확하게 할 수 있게 되었다. 예전처럼 사람들의 행동에 즉시 반응하지 않고, 인내할 수 있게 되었다. 여동생은 리즈와 있으면 더욱 차분하고 편안해졌고, 더 이상 그녀와 싸우려들지도 않았다. 어머니의 양극성 우울증도 전보다 심하지 않았고, 본인의 건강에 관해서 해주는 조언도 더 잘 받아들이게 되었다. 아들의 성적도 향상되었고, 리즈도 아들이 하고 싶은 일을 더 잘 지원해줄 수 있게 되었다. 그리고 아들도 함께 참선을 할 수 있게 되었다.

리즈의 영적인 뿌리는 아메리카 원주민의 전통에서 비롯되었다. 그녀에게 이는 종교가 아니라 삶의 방식이다. 전통에서 배운 그녀의 영성은 다른 종교에 관대하고 포용하는 것이다. 리즈는 과거부터 여러 성자의 가르침에 대해서 스스로 받아들일 수 있는 것은 받아들이면 된다고 믿고 있었다. 그녀는 스스로를 돌보고 주변의 다른 이들을 보살피기 위하여 불교의 '선禪'을 선택하였고, 실질적으로 많은 도움을 얻었다.

리즈는 챤 메디테이션(참선)을 통해 여러 측면에서 큰 도움을 얻었는데, 그중 가장 많은 도움이 된 부분은 스스로의 마음, 즉 마음에 있는 여러 생각을 정리할 수 있는 능력을 키운 것이다. 어떤 선택이나 결정을 내릴 때 마음이 예전만큼 많이 흩어지지 않는다는 점도 느낀다. 그녀는 늦은 나이에도 불구하고 대학교에 장학생(Honored program)으로 입학하게 되었다. 또한 다른 이들의 기대에 맞추려 살지 않을 수 있게 되었고, 일어나지도 않을 일을 걱정하면서 낭비했던 시간도 명확히 볼 수 있게 되었다. 삶의 값진 순간들을 예전보다 더 깊게 느끼고 있다.(2019. 12)

참선으로 강박증 극복한
미국 청년 제이피

우리가 LA의 주민센터에서 운영한 참선 교실에서 가장 참여율이 높은 층은 30대 직장인이었다. 보통 새로운 학생들에게 늘 참선을 하고 싶은 이유가 무엇인지, 수행을 통해 어떤 성취를 하고 싶은지 물어보는데, 요즘 사람들이 가장 흔히 언급하는 문제가 불안증, 우울증, 강박증, 수면 장애다. 요즘 젊은이들은 몸도 건강하고, 이루고자 하는 꿈도 많고, 할 수 있는 좋은 취미도 많은데도 불구하고, 의외로 이런 문제를 매우 흔하게 겪는다. 특히 2년 전 LA 다운타운에서 처음 참선을 접한 '제이피'의 수행 이야기는 요즘 젊은이들이 겪는 전형적인 문제들을 보여준다.

제이피는 위산사에서 매주 토요일에 여는 초심자반에 와서 다른 학생들에게 지난 2년간 참선으로 삶이 어떻게 변했는지를 주저하지 않고 이야기했다. 그는 종교에 전혀 관심이 없는데도 불구하고 매우 적극적으로 주변의 친구들과 직장 동료들에게 참선과 영화 스님의 법문을 권한다. 이번에도 그는 4년 동안 거의 연락을 하지 않았던, 예전에 같은 아파트에 살았던 룸메이트와 함께 위산사에 찾아왔다. 이 백인 친구는 예전에 알코올 의존증이 있었지만 이제 술을 끊고 열심히 살고 있다. 제이피는 이렇게 마음의 고통이 많은 친구에게 참선을 소개했고, 결가부좌로 1시간 앉을 수 있게 도와줬다. 제이피는 왜 이렇게 열정적으로 사람들에게 참선을 알리는 것일까?

사실 제이피는 거의 잊을 만하면 절에 한번씩 찾아온다. 지난 2년 동안 절에 온 횟수가 아마 5번도 안 될 것이다. 그는 처음 참선을 접한 후 2년 동안 거의 매일 하루도 빠지지 않고 결가부좌로 앉아서 참선을 해왔다. 게다가 그는 최근 1년 동안 하루도 빠지지 않고 최소 1시간씩 결가부좌로 참선 수행을 했다. 어떤 사람이 결가부좌 자세에서 생기는 다리 통증을 어떻게 극복했는지 물었다. 그는 수행을 통한 결과와 이점이 다리가 아픈 정도에 비해 훨씬 많았기 때문에 아픈 것을 견디기로 선택했다고 명료하게 대답했다.

1년 전 제이피가 처음 참선 워크숍에 참여한 날, 쉽게 결가부좌로 앉을 수 있었다. 첫날에는 10분도 되지 않아서 아프다면서 풀고 싶어 했다. 발과 다리가 저리고 아픈 현상은 자연스럽고 문제가 되지 않는다는 설명을 들은 그는 15분 동안 앉을 수 있었다. 그리고 더 많이 배우고 싶다면서 노산사에 찾아왔다. 그는 스님들의 도움으로 곧장 결가부좌로 다리를 풀지 않고 1시간 동안 앉을 수 있었다.

그는 큰 병으로 죽을지도 모른다는 강박증이 있었다. 꽤 심각한 편이었다. 예를 들어 작은 통증이 있기만 해도 에이즈나 암으로 죽을 수 있다는 공포와 걱정에 시달렸다. 친구들이 같이 어디 가자고 해도 집에서 나오는 것도 싫어할 정도로 그의 강박증은 점점 심해졌다. 이런 강박증으로 사회생활까지 지장이 생겼다. 그런 이유로 명상에 관심이 생기게 된 것이다.

처음에는 인터넷을 검색하거나 테드톡(TED Talks) 같은 것을 보면서 확실한 틀이나 지도자 없이 여러 자세로 명상을 했다. LA 다운타운의 참선 워크숍에서 결가부좌로 앉았을 때 그는 바로 마음의 변화를 느꼈다. 이후 결가부좌 수행을 하고 영화 스님의 참선 법문을 보면서 챤 메디테이션, 즉 참선을 배우게 되었다. 다른 명상법으로는 큰 변화가 없었던 강박증도 매일 결가부좌 수행을 하자 즉시 줄어들기 시작했다. 매일 결가부좌로 1시간 이상씩 수행하자 큰 병으로 죽을 수도 있다는 생각은 거의 하지 않게 되었다. 또한 걱정과 불안이 생겨도 바로 알아차리고 내려놓는 힘을 키울 수 있게 되었다.

제이피가 자신의 참선 경험담을 이야기했을 때 가장 재미있던 부분이 있었다. 그는 참선을 하면서 주변 사람들에 대한 자비가 생겼다고 한다. 그래서 여러 사람을 배려하는 마음이 예전보다 커졌다고 한다. 처음 명상에 관심이 생겼을 때 자비로운 사람이 되고자 하는 목표가 있었던 것도 아니다. 그런데 꾸준하게 참선을 하다 보니 저절로 더욱 자비롭고 겸손한 마음을 갖게 되었다. 그러다 보니 다른 사람들을 더 많이 이해해줄 수 있게 되었다.

그는 이렇게 작은 마음의 변화로 삶의 모든 측면에서 많은 변화가 일어나는 것을 '눈덩이 효과'라고 표현한다. 마치 작은 눈덩이가 굴러

가면서 점점 커져가는 것처럼, 마음속의 작은 변화가 수많은 다른 변화로 이어져서 수백 가지 긍정적인 결과, 즉 변화로 이어진 것이다. 예를 들어 그는 직장 생활에서도 더욱 큰 도전을 받아들일 수 있는 마음가짐이 되니 더욱 힘들고 어려운 임무들도 받아들일 수 있게 되었다. 그동안 마음속에서 일어나는 여러 부정적인 생각이 장애가 되어 큰 잠재력을 가졌음에도 하는 일에 한계가 생겼던 것이다.

참선이야말로 그가 평생 하기로 결심한 모든 일 중 인생에 가장 큰 변화를 가져왔다. 참선 수행을 통해 세상을 바라보는 그의 시각이 완전히 변했다. 그는 예전에는 물이 반밖에 차 있지 못한 사람이었으나, 지금은 물이 반이나 꽉 찬 사람으로 변했다. 또한 그는 매우 비관적인 사람에서 이제는 매우 긍정적인 사람이 되었다. 잠도 더 푹 잘 수 있게 되었으며, 몸과 마음도 더욱 강한 사람이 되어서, 세상의 무엇이든 더 잘해낼 수 있다는 마음가짐이 되었다.

어떤 사람들은 인종, 종교, 나이가 다양한 사람들이 위산사에서 함께 수행하는 모습을 보고 신기하다고 생각한다. 한국 불자들은 이 모습을 보고 "참으로 포교를 열심히 하시는군요"라고 말하기도 한다. 하지만 우리는 사람들이 불교에 귀의하든 하지 않든 상관하지 않는다. 사람들이 수행의 힘을 키워서 스스로 원하는 것을 얻고 더 선한 사람이 되면 그만이다. 겉으로 보이지 않게 대승불교의 향기가 이처럼 미국에서 퍼져나가고 있다.(2020. 2)

20년 만에 만난 친구,
참선으로 인생의 위기를 탈출하다

얼마 전 옛 친구들이 나를 만나러 청주 보산사에 찾아왔다. 대학생 때 친구를 통해 유학생, 교포, 외국인 친구들을 많이 알게 되었다. 거의 20년 전의 일이다. 그때만 해도 지금처럼 한국에 외국인이나 해외에서 살다 온 사람이 많지 않았다.

나는 대학교 1학년을 마치고 미국에서 어학연수를 했고, 이후 해외를 많이 돌아다녔기 때문에 문화 배경이 다양한 친구들과 어울리는 것을 매우 좋아했다. 특히 한국인이면서도 외국에서 오래 생활한 사람들과 함께하면 통하는 부분이 더 크다고 느꼈다.

대학교 졸업 후 직장을 지방으로 옮기면서 이런 친구들과 자주 만나지 못하게 되었고, 세상살이가 바쁘다 보니 연락이 점점 끊어지기 시작했다. 하지만 그중 한두 명과는 소셜미디어를 통해 안부를 물으며 연락을 계속했다. 미국에 온 이후에도 몇 년에 한 번 정도 아는 친구를 건너 소식만 전하는 정도였는데, 그런 친구 몇 명이 모여서 청주 보산사로 찾아왔다.

그중 민규(영어로 대화하는 우리는 그를 토니로 부른다)는 캐나다에서 자란 교민이지만 현재 한국에 살고 있다. 그가 보산사에 왔을 때 참선에 관심을 보여서, "한번 같이 해볼래?" 하고 물어봤다.

신기하게도 그는 앉는 즉시 결가부좌가 쉽게 되었다. 그리고 아파하지도 않았다. 민규는 미동도 없이 있다가 눈을 뜨고 "와, 신기해. 안 아프고 그냥 편해!"라고 말했다. 그래서 나는 그에게 "너무 좋아하지 마. 곧 아픔이 올 것이야"라고 농담하듯 말해줬다. 아니나 다를까 10~20분 더 지나서 총 40분 정도 넘게 앉아 있으니 슬슬 다리가 저리고, 피가 안 통해서 마비된 느낌을 경험했다. 나는 원래 다 그런 것이고 괜찮으니 걱정하지 말고, 계속 단전에 마음을 두라고 알려주었다. 그는 매우 차분하게 지시한 대로 할 수 있었다. 그러다가 1시간이 거의 다 되었을 때 아프고 불편한 느낌이 아래 허리로 이동했다고 말했다.

"원래 처음에 발목, 무릎, 골반, 그다음에 허리로 가는데, 좀 더 기다리면 머리까지 올라갈 수 있어. 그럼 몸 전체적으로 기운과 혈액이 잘 순환되면서 몸과 마음에 있던 여러 문제가 해결될 수 있으니까 좀 불편해도 계속하자."

그는 말로는 불편하고 매우 아프다고 하면서 신음도 하였으나, 내가 설명한 대로 풀지 않고 계속했다. 좀 더 지나자 그가 말했다.

"이제 아래 허리에서 조금 위로 갔는데, 신장 부위가 계속 더 뜨거워진다. 그리고 거기서 이동하지 않고 있어. 그런데 사실 난 예전에 신장결석 제거 수술을 두 번 했는데 그 부위에 이런 게 느껴지다니 신기해."

나는 이렇게 말해줬다.

"그렇다면 그 부위에 아직 다 해결되지 못한 부분이 있어서 기가 흐르다가 거기 머무르면서 치유하고 있는 것으로 보여. 그러니 저리고 아픈 것이 완전히 확 줄 때까지 풀면 안 돼!"

좀 더 앉아 있으니 갑자기 전체적인 기운이 평온하고 가벼워진 것을 느낄 수 있었고, 1~2분 더 지나자 그의 얼굴도 편안해졌다.

"이제 좀 편해졌어?"

"응, 갑자기 편해졌어."

"이제 풀어도 돼. 천천히 풀어. 처음 해봤으니 풀면 좀 뻐근할 거야." 그는 천천히 다리를 풀었다. 앉는 동안 헬스클럽에서 운동한 것처럼 땀이 흠뻑 났다고 했다.

결가부좌를 푼 토니의 얼굴이 갑자기 밝고 훤해진 것을 옆에 있던 다른 사람들도 볼 수 있었다. 그의 눈빛도 좋아지고, 피부도 갑자기 좋아져 보였다. 갑작스럽고 놀라운 변화에 다들 신기해했지만, 누구보다도 그 자신이 기분이 좋았는지 얼굴에서 미소가 떠나질 않았다.

토니는 그날 오후 집으로 돌아가며 이번 방문으로 많은 힐링이 된 것 같아 고맙다고 하였다. 사실 그는 최근 어렵고 힘든 일이 여러 방면으로 일어나서 마음고생이 매우 많았다고 한다. 매일 학원에 일하러 가서 학원 문을 여는 순간 지옥으로 가는 듯 매우 마음이 괴로웠다고 한다. 하지만 이렇게 결가부좌 수련 후 일을 하러 갔는데, 힘들고 무거운 느낌이 전혀 없었다고 한다. 매일 4시간 이상 자지도 못했는데, 눕자마자 7시간 이상 기절해서 잠을 잤다고 한다.

가장 힘들었을 때, 삶에 대한 의욕 자체를 거의 잃을 정도였는데 이 참선의 경험이 인생을 구했다고 한다. 내가 이런 좋은 경험을 글로 써서 다른 이들과 나눠도 괜찮겠냐고 묻자 그는 단 1초도 주저하지 않았다.

"물론이지! 내 친구들도 같이 가자고 초대했어. 더 많은 사람이 참선했으면 좋겠어. 그러니 내 이야기를 글로 써서 사람들과 나눠도 괜찮아." (2020. 7)

65년 만에 제대로 된 법을 만났다는
해순 선생님

며칠 전 문자로 놀라운 소식을 들었다. 점심 공양할 때쯤, 최근 우리 스타일의 참선을 시작한 해순 선생님으로부터 문자를 받았는데, 아침 7시부터 시작한 참선을 이제 마쳤다는 것이다.

'잠깐, 7시부터라면 여덟, 아홉, 열, 열하나, 우와 4시간?'

그래도 설마 그럴 리가 했다. 그래서 해순 선생님에게 "4시간 동안 결가부좌 다리를 안 푸셨다고요?"라고 물어봤다. 그녀는 "4시간이요. 힘들 때마다 영화 스님의 능엄주 음성을 들으면서 했어요"라고 대답했다.

정말 놀라운 일이다. 학교에서 같이 근무하는 동료 선생님이 결가부좌를 배우고 미국 위산사에 와서 정진했는데, 그녀를 통해 결가부좌 요령을 배운 지 불과 한 달 만에 4시간을 돌파해버린 것이다. 나는 처음 노산사에서 결가부좌 자세를 배웠을 때 2분밖에 할 수 없었다.

그때 속으로 '여기 좀 이상해. 이런 것은 스님들이나 하는 것 아닌가?'라고 생각했다. 그리고 앉은 자세가 너무 아프다 보니 순간적으로 다시 절에 가는 것이 부담스럽게 느껴졌던 기억이 난다.

그런데 해순 선생님은 보산사에 단 한 번 방문하시고, 홀로 열심히 연습해서 4시간을 풀지 않은 것이다.

해순 선생님은 어릴 때 아버지의 외도를 알게 되면서 '미움'이라는 감정을 배웠다. 그 후로 뼛속 깊이 새겨진 그 감정은 대상을 바꿔가면서 지금까지도 이어지고 있었다. 천주교 학교에 다녔기 때문에 진리를 찾고자 했을 때 절에 가지 않고 수녀원에 갔다. 하지만 잠을 제대로 자지 못하는 등 수녀원 생활을 견디지 못해서 3개월 후 그만두게 되었다.

그녀의 고난은 여기서 그치지 않았다. 44세에 유방암 수술을 하였다. 이후 그녀는 마음공부를 위해 떠돌다가 50세가 넘어서야 수년간 명상과 초기 불교 경전을 공부하게 되었다. 그리고 마음에 관한 여러 서적과 뇌과학에 관해서도 공부하였다. 늘 갈팡질팡하면서도 길을 찾으려는 노력을 멈추지 않았다. 그러던 중 우연한 계기로 결가부좌 자세로 시작하는 이 수행법을 배우게 되었다.

예전에 명상할 때는 40분 동안 잠잠했는 데 비해, 결가부좌로 앉았을 때 30분은 그냥 뚝딱 지나가버렸고, 그 후 평좌 30분간 명상이 저절로 됐다.

결가부좌 30분의 효과는 그날 바로 알 수 있었다. 아침부터 부글거리면서 올라왔던 그녀의 여러 부정적인 감정이 순식간에 사라져버렸다. 그녀는 매일 수련하였는데, 3일째 되는 날 결가부좌로 1시간을 앉으니 집착과 염려병이 떨어져 나갔다. 그녀는 평생 걱정병을 달고 살았다. 걱정이 얼마나 많은지 세상이 걱정하기 위한 곳이라 알고 살 정도였다고 한다.

나는 해순 선생님뿐만 아니라 한국의 수행자, 불자님들, 그리고 명상을 배우러 오는 학생들을 보면 항상 놀랍다. 내가 그냥 경험하고 듣고 본 것만 이야기해드려도, 한국의 수행자들은 집으로 돌아가 불평도 하지 않고 무척 열심히 수련한다. 해순 선생님도 보산사에 왔을 때 매일 5분씩 늘려야 한다는 말을 듣고, 딱 한 달 만에 4시간을 버텨냈다.

4시간을 결가부좌로 버티는 동안 땀으로 범벅이 되었고, 가스가 폭발한 후 온몸이 개운하고 시원해졌다. 한 달간 수련하면서 매일 아침 선화 상인의 『능엄경 강설』을 읽고, 영화 스님의 아미타경 염송을 mp3로 들었다. 퇴근 후 먼저 능엄신주를 읽으면서 결가부좌로 앉아서 참선을 시작한다. 1시간 정도가 지나면 통증이 시작되는데, 그녀는 그럴 때마다 영화 스님의 능엄주를 들으면서 계속했다.

그녀는 이렇게 말한다.

"결가부좌 자세는 자꾸 하고 싶게 만드는 매력이 있습니다. 좌선에 돌입할 때마다 중심이 잡힌 안정과 편안함이 있기 때문입니다. 또한 결가부좌로 앉아 있으면 어떤 것에도 현혹되지 않을 것 같은 단단함이 있습니다. 이보다 더 좋을 수 없는 안온함은 이 세상 어디에도 없을 만한 마술과 같습니다. 그래서 모든 것을 다 제치고 참선이 늘 1순위입니다."

여기까지 오는 데는 동료 선생님의 극진한 보살핌과 따뜻한 안내가 있었다. 그녀는 65년 인생을 살면서 이런 진실하고 지극한 대접을 받아본 적이 없었기 때문에 눈물도 가끔 흘렸다고 한다.

그녀는 서울에서 청주 보산사까지 매주 오지는 못하지만, 온라인 화상회의로 매주 참선 교실에 참여하고 있다. 우리는 모두 화면을 통해 그녀의 모습이 전보다 훨씬 더 밝고 좋아졌다는 것을 느꼈다. 그녀도 또한 스스로 거울을 보면서 스스로의 변화를 볼 수 있었다. 불교 수행은 상상이 아니다. 불법 수행의 뜻을 몸으로 체득하여 선정의 힘이 커진다면, 여러분도 몸과 마음의 변화를 느낄 수 있을 것이다.(2020. 8)

한국 비구니
서주 스님의 미국 수행 이야기

　　　　　　　　　한국 비구니인 서주 스님은 지난 2019년 3월 서울 국제선센터에서 열린 '영화 스님 방한 불칠 및 선칠 프로그램'에 참여하면서 나와 인연을 맺었다. 이후 서주 스님은 그해 겨울 안거, 즉 2개월간 계속되는 불칠과 선칠에 참여하기 위해 미국 위산사에 오셨다.

　서주 스님은 자신의 어리석은 마음을 다스리고 싶다는 마음으로 출가하였다. 출가 전 20대 후반에 가장 친했던 친구에게 큰 상처를 주고, 자신도 마음이 무척 괴로운 경험을 하였다. 그 친구에게 용서를 구하는 과정에서 상처를 주고 아프게 하고, 또 그것을 후회하면서도 또 실수를 반복하는 자신을 보며 견딜 수 없었다.

　어느 날 그 친구의 한마디가 서주 스님의 마음을 깨워주었다.

　"너는 네가 뭘 좋아하는지, 뭘 원하는지 모르는 것 같아."

　그 친구의 말대로 서주 스님은 스스로 뭘 원하는지 모르는 것 같다고 느꼈다. 그런 어리석음으로 다른 사람에게 그리고 자신에게도 상처를 주며, 죄를 짓고, 모든 괴로움이 생겼다는 생각이 들었다. 그래서 교회도 가보고 심리학, 철학 서적을 뒤져서 이 문제를 해결해보려 온갖 노력을 해보았지만 아무런 소용이 없었다.

그러던 어느 날 인터넷을 검색하다 컴퓨터 모니터에 "WHO AM I?"란 문구가 떠서 마치 뭐에 홀린 듯이 그 사이트에 들어갔는데, 그곳은 참선하는 사찰이었다. 참선하면 내가 누군지, 내가 뭘 원하고 좋아하는지 알 수 있는 길을 찾을 수 있을 것 같았다.

그렇게 불교와 처음 인연을 맺었고, 자신의 어리석음을 물리치고 싶은 간절한 마음으로 출가했다.

선방으로 출가했지만 수행은 처음부터 어려움이 많았다. 서주 스님은 젊은 나이에 허리 디스크 수술과 시술을 받아서 승가대학(출가 후 비구니계를 받아 완전한 승려가 되기 전 공부하는 승가 교육기관)을 졸업하고 바로 선방에 가지 못했다. 때문에 오래 앉는 것에 대한 두려움도 있었다. 이런 업장을 소멸해보고 싶다는 뜻으로 3년간 기도하고 다른 도반 스님들에 비해 늦게 선방으로 가게 되었다. 그나마 늦게 간 선방에서도 앉을 때마다 허리에 무리가 되지 않을지 우려했다. 그런 과정에서 영화 선사의 가르침을 소개한 네이버 카페를 통해 결가부좌에 관해 알게 되었다. 혼자 결가부좌를 연습하던 중 영화 선사와 함께하는 불칠과 선칠 프로그램이 한국에서 열린다는 소식을 전해 들었다.

서주 스님은 예전부터 허운 화상과 선화 상인에 대해 큰 존경심이 있었고, 이 중국 선사들의 책에서 여러 차례 언급된 불칠과 선칠이 무엇인지 매우 궁금했다. 그런데 선화 상인을 만나 출가한 스님께서 한국에서 불칠과 선칠을 한다고 하니 매우 궁금했다. 그리하여 2019년 서울 국제선센터에서 열린 영화 선사의 불칠과 선칠에 등록하여 일주일의 전체 프로그램에 참여하게 되었다.

간화선 중심의 한국 승가 선풍에만 익숙했던 서주 스님은 약간 거리를 두고 관찰하는 자세로 위앙종 수행에 임했다. 몸과 마음을 내던져서 참여하기보다는 한번 경험해보자는 마음이었다. 그런데 일주일이란 짧은 기간 동안 함께 프로그램을 마친 후, 스님은 결가부좌로 수행하면 정진의 힘을 얻을 수 있을 것이라고 확신하게 되었다. 게다가 가장 큰 장애 중 하나인 허리 통증과 오래 앉는 것에 대한 공포도 이 기간에 잊을 수 있었다. 그런 이유로 스님은 주저하지 않고 바로 항공편을 마련하고, 그해 겨울 위산사로 향했다.

이 글을 쓰기 전 서주 스님에게 처음 미국 위산사에 오셨을 때 어떠셨는지 물어보았다. 미국 위산사에서 지내면서 서주 스님은 한국 사찰에서 상상하지 못했던 많은 장면을 목격하면서 매우 놀랐다고 한다.

첫째로 서주 스님이 본 미국의 위산사는 무질서와 혼돈 그 자체였다. 정리정돈이 잘되어 있고 무척 깨끗한 한국의 사찰에 익숙했던 스님을 포함한 한국 수행자 대부분은 이런 무질서한 환경에서 오는 번뇌를 경험했다. '저것도 치우고, 여기도 청소해야 하는데, 저건 저런데 두면 안 되는데', '저 사람은 왜 자기가 먹은 그릇을 안 씻지?', '난 수행하러 왔는데, 공양간에서 밥은 누가 하지? 내가 내려가서 해야 할까? 어제도 내가 했는데?', '왜 법당 환기는 아무도 안 하지?' 등 마음속은 시비로 인한 온갖 생각이 몰려왔고, 환경을 통제하고 싶은 생각들이 끊이지 않았다. 서주 스님은 시간이 지나면서 알게 되었다. '일부러 이렇게 두는구나! 이런 무질서하고 혼란스러운 환경을 통제하지 못해서가 아니라 수행자가 자신의 번뇌와 집착을 볼 수 있게 하는구나!'

둘째로 한국처럼 제대로 된 요사채가 하나도 없다는 것이 매우 놀라웠다. 그런데 시간이 지나면서 보니 위산사의 승가나 오랫동안 다닌 유발상좌와 수행자들이 제대로 된 방이 없거나, 공간이 부족하면 방문자들에게 방을 먼저 비워주는 것을 보고 더욱 놀랐다. 사람들은 누구 하나 그런 것에 대해 불평을 하지 않았다. 도량 구석구석 사람이 지낼 수만 있다면 최대한 많은 사람이 와서 함께 수행할 수 있도록 해주는 데 온 힘을 기울였다.

셋째로 도량 내에 확실히 정해진 소임자가 없는데도 많은 사람이 위산사에서 함께 생활했다. 예불, 식사 준비, 청소, 법문 통역, 방송 등 할 일이 태산인데, 누가 강요하지 않아도 스님들과 대중이 자진해서 하고 있었다.

넷째로 미국 위산사에는 아이들이 많다. 1살부터 청소년까지 다양한 나이층의 아이들이 법당 내에서 자유롭게 목탁을 치고, 소리를 크게 내면서 웃고 뛰어다니기도 한다. 심지어 법문 시간에도 그랬다. 하지만 사람들은 아이들에게 눈을 찌푸리거나 크게 야단치지 않았다.

서주 스님은 이런 놀라운 광경들을 보면서도 오히려 미국에 와서 함께 수행하고 싶은 마음이 확고해졌다. 2개월간 계속된 불칠과 선칠 기간 동안 영화 스님은 하루도 빠지지 않고 매일 법문을 해주셨고, 수행에 참여한 모든 대중은 그 법문 시간 동안 수행에서 발생할 수 있는 질문을 자유롭게 할 수 있다. 그동안 수행하면서 생겼던 문제와 질문들에 대한 답을 구하고 싶어도 어려움이 많았는데, 위산사에서는 경험이 풍부한 조언과 지도를 얻을 수 있고, 자유롭게 질문할 수 있다는 점이 매우 좋았다.

서주 스님은 이런 스승의 지도로 오랜 세월 수행한 제자들로 이뤄진 대중과 함께하면 자신의 수행도 함께 상승할 것이라고 판단했다. 사부대중, 즉 출가자와 재가자가 함께 앉아 수행하니, 이로 인해 서로 더 자극받으며, 그렇게 무질서와 혼돈으로 보이는 환경에서도 별로 번뇌하지 않는 그들의 모습을 보면서 수행의 힘을 느꼈다.

서주 스님은 출가할 때만 해도 꼭 깨달음을 얻겠다는 마음이 있었다. 하지만 출가한 후에는 깨달음이란 금생에 자신의 근기로는 불가능한, 언젠가 어느 생에서나 이루게 될 막연한 일로 점점 변해가고 있었다. 그러던 중 스승이 각 제자의 상태와 문제를 정확히 파악하고 그 근기에 따라 지도하며, 거기에 맞춰 제자들이 진전해가는 모습을 실제로 목격하면서 깨달음은 먼 미래로 미룰 수 없는 일임을 알게 되었다.

서주 스님은 미국의 도량에서 새벽 예불마다 역대 조사에 대한 예를 올리고, 이들의 법을 귀하게 여기며, 이 조사 스님들의 법에 어긋난 법을 말하지 않을까 하는 마음으로 대승의 정법을 바르게 가르치고자 하는 모습을 보았다. 그래서 이곳은 영화 스님의 카리스마에만 의지하려는 빈약한 도량이 아니라는 것을 알 수 있었고, 그래서 더욱 깊이 신뢰할 수 있었다.

이러한 여러 이유로 마음을 굳힌 서주 스님은 한국으로 돌아오기 전 영화 스님께 가르침을 구했다. 그렇게 스님은 앞으로 모든 기운과 노력을 몰입하여 위앙종의 가풍과 수행법에 따라 수행할 계획을 세웠다. 지난 5월 초부터 청주 보산사에서 서주 스님과 함께 정진했는데, 어떻게 보면 서주 스님은 나에게 큰 형님과 같은 존재이다. 승가 안에서 서주 스님은 나보다 훨씬 선배이고, 승려로서 갖추어야 할 여러 가지 지식과 경험을 배울 수 있었다. 서주 스님뿐만 아니라 현재 미국에서 정진하고 계신 한국 스님들도 마찬가지로 온몸과 마음을 던져 최선을 다해 배우고자 하는 열정이 있다. 스승의 지나가는 말 한마디도 그냥 흘려듣지 않고 열심히 따르려 하는 모습을 보면 나도 더 열심히 하게 된다.

서주 스님은 어른 스님들로부터 깨달음의 3대 조건은 선지식, 도량, 도반이란 말을 자주 들었다고 한다. 마침내 그 조건을 두루 갖춘 곳을 만나게 되었는데 그곳이 바로 미국 위산사였다고 한다.

나는 처음부터 영화 스님으로부터 참선을 배우기 시작했기 때문에 이런 환경과 조건이 어떤 이에게는 수십 년 동안 갈망하고 찾던 곳임을 알지 못했다. 도반들은 그냥 가족 같기도 했고, 그런 절의 환경들은 당연했으며, 용맹정진 동안 매일 밤 법문해주고 질문을 받아주는 곳이 별로 없다는 것도 몰랐다. 그런데 한국의 스님들과 수행자들과 교류하면서 그동안 평범하고 당연하다고 여긴 모든 것에 감사하는 마음이 더욱 커졌다. 왜냐하면 이 도량에서는 선지식의 지도에 따라 도반들과 정진하기만 하면 되기 때문이다. (2020. 6)

어머니의 참선

수년 전 나는 인생 최악의 시절을 보내고 있었고, 몸과 마음은 지치고 무기력했다. 그래서 집 근처에 있는 무료 참선 교실에 가보고 싶었지만, 무기력 때문에 토요일 아침부터 절에 갈 수가 없었다. 그러던 어느 날 인생이 너무 힘들고 지쳐서 이렇게 사는 것보다 그냥 죽는 것이 나을지도 모르겠다는 생각이 들었고 홀로 어두운 차고 속 10년 된 중고차 안에 앉아서 하염없이 눈물을 흘렸다. 바로 그 순간 어머니가 생각났다. 많은 어려움과 괴로움 속에서도 자신을 희생하며 날 키워주신 '어머니'가 떠올랐다.

어머니의 희생을 알면서도 사지가 멀쩡하고 나이도 젊은 내가 살아갈 의지가 없다는 것은 도저히 인간으로서 도리가 아니라고 생각했다. 그래서 그 즉시 예전부터 꼭 가겠다고 마음먹었던 노산사의 참선 교실에 참여했다. 그렇게 영화 스님과의 인연이 시작되었다. 마치 어둠 속에서 한 줄기 빛을 만난 것 같았다.

하지만 어머니라고 해서 세속 사람인데 문제가 없었겠는가? 어릴 때부터 내 기억에 어머니는 항상 입만 열면 삶에 대해 불평하셨다. 어머니는 끊임없이 사는 것이 힘들다고 불평하고, 아버지에 대해서 불평하고, 외삼촌에 대해서 불평하고, 모든 것을 불평하셨다. 항상 쉬지 않고 불평하는 어머니에게 왜 그 문제를 해결하려고 노력하지 않는지 물어보면, "너한테 내가 그 정도 하소연도 못 하니? 그냥 좀 들어줘"라고 말하셨다.

어머니는 원래 성격이 다른 이들과 감정적인 연결이 잘 안 되는 분이셨다. 감정, 즉 애정 표현도 별로 없었고, 본인은 모르시겠지만 어떤 일이나 사람들에 대해 부정적인 이야기를 많이 하셨다. 아직 일어나지 않은 일도 항상 걱정하셨다. 나는 머리로는 그런 어머니를 이해할 수 있었지만, 그렇게 불평하는 어머니 곁에 있으면 나도 불행했다. 내가 수행한 동기는 여러 가지지만, 어머니를 포함한 여러 가족들로부터 느끼는 압력과 어려움으로부터 해방되고 싶은 점도 있었다. 어머니의 불평을 조용히 들어주지 못하고, 거기서 벗어나고 싶어 하는 내가 불효녀처럼 느껴져서 항상 마음이 괴로웠다. 옳고 그름의 판단으로 내 마음속 충돌이 끊이지 않았다.

영화 스님을 만나서 참선을 배우기 시작한 후 매년 여름과 겨울 동안 하고 싶은 것도 모두 뒤로하고 선칠 수행에 참여했다. 그렇게 3년이 지났다. 한국에 2~3년 만에 갔는데, 사실 부모님 만나는 것이 무서웠다. 함께 시간을 보내면 내 마음이 괴로웠기 때문이다. 어릴 때부터 어머니의 불평을 들으면서 어머니는 '피해자'라고 믿었고, 아버지는

'가해자'라고 생각했다. 하지만 참선을 통해 내 마음이 변하면서 부모님에 대한 통찰도 변하기 시작했다. 어머니가 삶의 피해자이지만, 아버지도 가해자가 아니라 역시 인생의 피해자일 뿐이라는 것을 알게 되었다. 그리고 두 분의 입장을 좀 더 잘 이해할 수 있게 되었다.

그래서 나는 나름대로 부모님께서 명상을 해보실 수 있도록 도와드리고 싶었다. 하지만 어머니는 이런 노력을 진지하게 받아들이지 않았고, 모든 걸 그저 장난처럼 대하셨다. 그리고 어머니는 나에게 이렇게 말씀하셨다.

"너 혹시 너무 그런 데 빠져드는 것 아니니?"

"사업이나 열심히 하지, 너무 깊이 종교에 빠질까 걱정스럽네."

나는 그 후 다시 한국을 방문했다. 여전히 어머니는 인생에 대한 불평을 하셨고, 아버지에 대해서 불평하셨다. 나는 어머니에게 그렇게 불평만 하지 말고, 그 문제를 위해서 무언가를 해야 한다고 단호하게 말했다. 그리고 어릴 때 어머니의 끊임없는 불평불만들이 나에게 얼마나 많은 영향을 미쳤는지 설명해드렸다. 부모님이 둘 다 계셨는데도 항상 서로 다투고 본인들의 문제에 휩싸인 상황에서 어린 나는 고아처럼 외로웠다고 말해드렸다. 그리고 어머니에게 간절하게 애원했다.

"아무리 불평해도 주변 상황은 절대 변하지 않아요. 그래서 명상을 한번 해보시라고 하는데, 어머니는 해볼 생각도 없어요. 교회를 다니시든지, 여호와의 증인이 되시든지, 천주교 성당을 가보든지, 요가를 하든지 뭔가를 꼭 해봐요. 그러면 전 어머니가 하는 불평을 매일 하루 종일 다 들어줄 수 있어요. 어머니가 명상을 배우고 싶다면 원하시는 대로 다 해드릴 수 있어요. 하지만 아무런 노력도 하지 않고 이렇게 계속 불평만 한다면 전 그냥 모녀의 인연을 끊어버릴 것입니다."

나는 눈물을 흘리면서 계속 호소했다.

"어머니는 날 사랑한다고 하시지만 사실 매우 이기적인 사람이에요. 항상 불평과 부정적인 말로 주변의 사람들을 괴롭게 하시면서, 그걸 못 들어주는 내가 잘못됐다고 합니다. 내가 직접 경험해보았고, 또 많은 사람에게 참선을 소개해주면서 그들의 변화를 보고 확실한 것을 알려드려도 어머니는 한번 해보고 싶은 마음이 없습니다. 그러면서 불편한 마음은 모두 남의 탓이라고 합니다."

어머니는 이렇게 내가 한국에 갈 때마다 눈물로 애원해도, 차분하게 설명해도, 어떤 방법으로 이야기를 해도 이상하게도 아무것도 진지하게 받아들이지 못하고, 감정 표현도 못 하셨다. "원래 인생은 다 그런 것인데 왜 넌 유난스럽게 그냥 받아들여서 결혼하고 아이 낳고 그렇게 할 수 없냐"라고 말하셨다. 그래도 딸이 성화를 부리니 어머니는 마지못해 명상하는 척만 했다. 하지만 전화로 목소리만 들어도 명상을 하지 않았다는 걸 느낄 수 있었다.

이후에도 안부 전화를 드리면 어머니는 다시 인생에 대한 불평을 시작했다. 나는 그런 어머니를 막았다.

"어머니는 모르시겠지만 어머니의 그런 불평과 부정적인 말과 생각들이 그동안 저를 너무 불행하게 했어요. 더 이상 그렇게 못 하겠어요."

어머니가 불평할 때마다 들어주고 동조해주는 것이 효라는 것을 받아들일 수 없었다. 그렇게 하면 어머니는 스스로 변화를 위하여 아무 것도 하지 않을 것이기 때문이다.

어머니는 딸을 지극히 사랑하기 때문에 전화 통화를 할 때 더 이상 다른 사람들에 대한 불평을 하지 않으셨다.

2018년과 2019년 나는 영화 스님을 모시고 한국에서 선칠과 법문 통역을 했을 때 부모님을 초대했다. 부모님은 종교나 수행, 법문에 전혀 관심이 없지만, 사랑하는 딸이 통역하는 모습을 보기 위해 오셨다. 예전에 영화 스님이 나에게 복이 모자란 자들과 불교를 배울 수 없는 자들의 경우 먼저 삼보에 공양을 올리도록 해주는 것이 최상책이라고 설명해주셨다. 그래서 부모님께 "딸이 홀로 외국 생활하는데 가족처럼 감싸주고 도움을 주신 영화 스님께 용돈이라고 여기고 봉투에 기부금을 담아서 드려보세요. 전 그것 말고 원하는 게 없어요"라고 권했다. 부모님은 하나밖에 없는 딸이 하는 말이니 잘 따라 하셨다. 그리고 아버지는 제일 좋은 과일들을 골라서 차에 가득 싣고 와서 사람들에게 나누어 주셨다. 아버지는 그런 걸 대중 공양이라는 것도 모르셨을 텐데, 신기한 일이다.

그 후 나는 2019년부터 불교 잡지사에 글을 쓰기 시작했다. 내가 이렇게 많은 시간과 노력을 투자해서 불교와 참선을 사람들에게 알리려고 하는 이유는 맹목적인 종교적 믿음 때문이 아니라, 나를 포함한 많은 사람에게 현실적이고 실용적인 변화들이 생겼기 때문이라는 것을 부모님에게 알려드리고 싶었다.

어머니가 스스로 참선을 하거나 불교 공부를 하지 않고 계시니, 내가 왜 열정적으로 참선을 알리려고 하는지, 또는 참선을 통해 어떤 변화를 겪었는지 이해하기 어려울 것이라 생각했다. 그래서 참선을 통해 내 몸과 마음이 어떻게 변화했는지, 그리고 학생들이 참선을 통해 어떻게 그들의 삶에 변화를 일으켰는지 글로 써서 보내드리면 언젠가 어머니도 마음을 열 수 있을 것이라고 생각했다.

앞으로 출가하게 되었을 때, 아무것도 모르는 상태에서 어머니가 상처를 받거나 괴로워하시기보다는, 다른 이들을 위해 개인적인 즐거움을 희생하고 이 길을 선택한 딸에 대해서 흡족하게 느끼실 수 있을 것이라 생각했다. 그렇게 몇 개월이 지난 후 어머니는 "너 그러다가 출가하는 건 아니니?"라고 묻기 시작하셨다. 그래서 출가식 날짜가 정해졌을 때 그 소식을 들으신 어머니는 크게 놀라지 않으셨다.

얼마 전 영화 스님은 나에게 앞으로 해야 할 일과 수행 지침을 말씀해주시고, 한국 청주 보산사로 보내주셨다. 그래서 부모님은 삭발한 딸의 모습을 보기 위해 청주로 찾아오셨다. 그런데 놀랍게도 어머니는 "그래, 인생 뭐 있니? 본인이 제일 좋다고 생각하는 것, 스스로를 가장 행복하게 하는 것을 하면 되는 거야"라고 말씀하셨다. 나는 집으로 돌아가는 어머니를 차에 태우고 버스 터미널에 가면서 이렇게 말했다.

"어머니, 건강하게 오래 사시려면 꼭 명상을 해야 해요. 다리가 아프면 의자에 앉아서 해도 되니까 단전에 마음을 모으고 아무것도 하지 말고 매일 15분씩 앉아보세요."

며칠 후 어머니에게서 문자가 왔다.

"가만히 앉아서 아무 생각도 안 하면 되는 거니? 잡생각이 너무 많아서 15분은 어렵고, 10분하고 못 했다."

나는 마음속으로 매우 기뻤다. 어머니가 이렇게 구체적인 질문을 한다는 것은 명상을 하고자 노력해보셨다는 것이다.

"어머니, 사람들은 다들 처음 명상을 시작하면 아무 생각을 하지 않는 것이 명상이라고 막연히 생각하지만, 하고 싶은 것과 할 수 있는 것은 별개의 문제랍니다. 어머니가 아무 생각이 없는 상태가 될 수 있는 능력은 없습니다. 잡생각이 많은 것은 원래 없었는데 명상을 해서 생긴 것이 아니라, 난생처음 아무것도 안 하고 내면을 들여다보니 이런 잡생각들이 들리고 보이기 시작한 것이니 아주 좋은 일이에요. 보통 우리에게는 그런 생각들이 쉬지 않고 생기는데, 그러면 그것을 말과 행동으로 옮겨서 표출합니다. 그렇게 표출하지 않으면 내 안에서 압력이 커져서 견딜 수 없어요. 그런데 명상으로 선정이 생기면 밖으로 내보내지 않고 속에서 태울 수 있어요."

그리고 계속 설명했다.

"그러니 마음에 잡생각이 너무 많으면 마음을 단전에 모으세요. 그래도 너무 잡생각이 많아서 계속 가만히 앉아서 명상하기 어려우면, 마음을 하나로 모을 주제가 필요합니다. 그러니 '나무 아미타불'을 외우세요. 잡생각이 날 때 그렇게 염불을 하면 그 여섯 글자에 마음을 집중할 수 있으니 아마 명상하기 훨씬 더 수월해질 거예요. 이건 종교와 관계없는 명상 테크닉이니 한번 해보세요."

그다음 날 어머니가 카카오톡으로 이야기하셨다.

"잡생각이 하도 나서 15분 이상은 어렵겠다. 그래도 염불하니까 좀 낫다."

어머니의 이 한 말씀으로 내 마음속 깊이 환희심이 일었다. 어머니는 무릎에 문제가 많아 가부좌는 할 수 없지만 의자에 앉아서 명상을 하셨다. 예전부터 어머니가 나에게 더 이상 불평하지 않으셨지만, 그래도 어머니의 마음속에서 생기는 그런 생각들은 멈출 수 없다는 것을 잘 알고 있다. 이제 어머니는 참선할 수 있는 첫걸음을 내디뎠으니, 드디어 마음을 괴롭히는 많은 생각을 줄일 수 있는 길이 열린 것이다.(2020.6)

1   미국 캘리포니아 청년 렘은 참선 수행으로 불교에 귀의하였다.

2   미국 위산사에서 수행 중인 직업 간호사 후안 메디나와 현계 스님

3   2019년 미국 노산사에서 참선 중인 한국의 중풍맨 원영연 씨

4   젊은 한국 엄마 이선미 씨의 결가부좌 수행

5   미국 LA 한인타운에서 참선을 배우고 있는 젊은 필리핀인 피아

1   미국 캘리포니아 청년 안드레스 멘도사의 참선 수행. 미국 위산사
2   미국 위산사에서 빌리와 현계(XianJie) 스님
3   미국 위산사에서 법문 시간 중 영화 스님 옆에서 참선 경험담을 나누고 있는 제이피

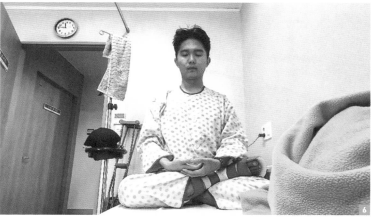

4 　미국 실리콘밸리의 과학자 아라빈드의 결가부좌

5 　UCLA 대학생인 알렉스는 매일 아침 결가부좌로 1시간씩 앉고 하루를 시작한다.

6 　이 청년은 발을 다쳐 병원에 입원해 깁스한 상태로 결가부좌 수행을 하였다. 놀랍게도 더 빨리 회복되
　　었다.

1 해순 선생님의 결가부좌 1개월 수행 후 모습
2 청주 보산사에 찾아온 옛 친구와의 참선 수업
3 미국 LA 피코리베라시에서 매주 열린 참선 교실에는 많은 중남미인, 천주교인들이 참여했다.
   이 수업은 온라인 비대면(줌) 수업으로 계속되고 있다.

4　2019년 봄 곡성 성륜사에서 열린 영화 선사의 불칠과 선칠 법문
5　2019년 미국 위산사의 겨울 불칠. 아미타불 염불 정진 중인 여러 수행자들
6　2019년 겨울 미국 위산사에서 선칠 정진 중인 서주 스님

불교의 특이하고 뛰어난 점은 우리에게 번뇌와 망상이 있다는 것을
보여주고 수행의 길로 들어설 수 있도록 도와준다는 것이다.

PART 4

삼귀의 의미와 오계 수행

나는 어릴 때 『반야심경』을 읽었는데, 그 때부터 희한하게 불교에 마음이 갔다. 하지만 불교에 대해 아는 것도 없고 절에 열심히 다니지도 않았기 때문에 불교 의식이나 불경에 대해서도 아는 것이 별로 없었다. 그래도 사람들에게는 "내 마음은 깊숙이 불교임이 틀림없다"라고 말하곤 했다.

참선을 배우기 시작한 지 1년이 넘어서야 영화 스님의 법문을 통해 수삼귀의授三歸依, 수오계授五戒의 의식을 거쳐야 진정한 불교인으로 입문한다는 것을 알게 되었다. 특히 『불유교경 강설佛遺敎經講說 (The Bequeathed Teachings Sutra)』을 읽은 후 오계五戒 중 내가 지킬 수 있는 계율만이라도 받아 수행해보고 싶다는 생각이 일었다. 계율에 어긋나는 생각과 행동이 바로 우리 마음속의 번뇌와 망상임을 느끼기 시작했기 때문이다.

그렇다면 삼귀의三歸依를 받는다는 것은 무슨 의미일까? 이는 부처님, 부처님의 가르침, 그리고 승가, 즉 삼보三寶(Triple Jewels)의 제자가 되겠다고 서원을 세우는 것이다. 흔히 사람들이 오계는 잘 알고 있는데, '수삼귀의'는 잘 알지 못한다. 오계를 지킬 수 있는 마음의 준비가 되지 않았다면, 삼귀의를 받는 것만으로도 불제자가 될 수 있는 첫걸음을 딛는 것이다.

여러분 스스로 삼보에 귀의하여 진정한 불제자로서 수행하고 싶다고 요청하면, 구족계를 받은 스님은 '수삼귀의' 의식을 행함으로써 여러분과 삼보에 연결 고리를 맺어줄 수 있다. 그렇게 여러분은 진정한 부처님의 제자가 되는 것이다.

수삼귀의 의식집을 보면, 의식을 시작하기 전 제일 먼저 많은 성자님들과 불보살님들을 초대하여 증인으로 삼는다. 그리고 귀의하고자 하는 분들은 참회와 정화를 하여 '삼귀의'의 중요한 기운, 즉 '체體(substance)'를 받을 수 있도록 준비한다.

영화 스님의 법문에 따르면 삼귀의를 받는 과정에서 법주 또는 그 도량의 스승님이 가지고 계신 '덕德(Virtue)'의 일부를 받게 된다. 그러므로 누구에게 삼귀의를 요청하고 받는지도 매우 중요하다. 삼귀의의 '체'의 질을 좌우하기 때문이다. 그러한 이유로 출가자들은 수행을 진지하게 여겨야 하고, 덕을 잘 쌓아서 불제자들에게 더 많이 줄 수 있도록 노력해야 한다.

요즘 세상 사람들이 보기에 오계를 지킨다는 것이 식상할 수도 있고, 우리의 자유를 옭아매는 규칙에 불과하다고 느낄 수 있다. 나도 처음엔 이런 것들이 고리타분하고 너무 종교적이라고 생각했다. 하지만

이 불교의 가르침을 내가 아직 이해하지 못할 뿐이지 오계 역시 수행에 분명 도움이 되기 때문에 있을 것이라는 믿음이 있었다.

참선 수행을 하면서 나 스스로 안팎이 변해가고, 이에 따라 내가 가진 옳고 그름에 대한 기준도 항상 변해간 것을 경험했기 때문에, 일상의 여러 문제나 현상에 어떻게 대처하는 것이 옳고 그른 것인지 혼돈스러운 경우가 많았다. 이때 『불유교경 강설』을 읽으면서 선행과 악행을 명확히 구분하는 기준인 오계야말로 수행하며 생기는 여러 의문과 의구심을 줄여주고, 번뇌망상도 단절시켜줄 것이라는 확신이 생겼다.

삼귀의와 오계를 받는 의식은 왜 하는 걸까? 불교에서는 모든 것에는 인과가 있다고 배운다. 그렇다면 오계를 정식으로 받지 않아도 오계에 해당하는 내용을 모두 잘 지키고 산다면 우리는 복도 쌓고 덕이 있는 삶을 살 수 있지 않을까? 오계를 받지 않아도 복을 쌓을 수 있지만, 우리가 계율을 지키겠다고 약속한 후 계율을 지키면, 약속을 지킨 복을 추가로 더 지을 수 있기 때문이다. 그러므로 지키기 어려울 것이라 판단되는 오계는 시간을 갖고 충분히 마음의 준비가 된 후에 받는 것이 좋다. 약속을 지키면 복도 배로 받지만, 계율을 지키겠다는 약속을 깨뜨리면 그만큼 복과 덕도 잃게 되는 것이다.

우리가 살다 보면 계율을 지키기 어려운 여러 문제가 생길 수 있다. 각 도량과 수행 스타일에 따라 각 계율에 대한 해석이 조금씩 다를 수도 있다. 그러니 여러분이 삼귀의와 오계를 받고 싶다면 지도를 받고 있는 수행처와 스승님들께 받기 전에 오계를 깨뜨렸을 때 어떻게 하면 좋을지, 만약 어겼을 경우 어떻게 참회해야 하는지 등을 자세히 여

쥐보고 결정하길 바란다.

오계를 받고 지키는 것을 권하는 이유는 여러분이 많은 복과 덕을 쌓게 해주기 위해서다. 겉으로 보기에 오계를 지키는 것은 자유를 막는 일로 생각될 수 있으나, 좋은 스승님을 만나 수행에 적용한다면 우리가 마음을 해방하는 데 단단한 기반이 될 것이다.(2020.4)

끊임없이 선지식을 찾아라

한국에 있을 때 불교 공부를 하거나 명상 또는 참선을 배워본 적이 없었기 때문에 수행을 해도 어떤 특정한 변화가 생길 것이라는 기대가 없었다. 별 기대 없이 수행을 시작했는데 놀랍게도 상상하지도 못할 정도로 많은 것을 배울 수 있었고, 많은 변화가 생겼다. 나의 몸과 마음이 안에서부터 밖까지 모두 변해갔다. 이런 변화들은 수년에 걸쳐 한 번만 일어난 것이 아니라 지속적으로 계속되었다.

수년 동안 참선하고, 스승님인 영화 스님을 가까이 모시면서 수행을 지도받고, 또 매년 여름과 겨울 선칠에 참여하여 정진하였는데, 지금도 끊임없이 진보하고 변할 수 있다는 사실이 놀랍다. 나의 스승님이 수행에서 큰 성취를 경험하여도 만족하지 말고 끊임없이 정진해야 한다고 가르쳐주신 것이 너무도 감사할 뿐이다.

진보하고 난 후에야 진보 전과 후가 얼마나 다른지 알 수 있다. 수행에서 큰 도약이 생길 때마다 그 안락하고 환희로운 경험에 큰 만족을 느끼고, 지금껏 열심히 노력해서 얻은 결과를 즐기고 싶은 욕망이 마음속에 자연스레 일어난다. 게다가 수행의 단계가 올라갈수록 이런 강렬한 욕망은 아주 미세하게 숨어 있어서 알아차리기가 더욱 어렵다.

그렇다면 수행의 진보라는 것은 무엇일까? 수행의 목적은 선정의 힘을 키우는 데 있고, 선정의 힘을 계발하고 키우는 것을 진보라고 한다. 선정의 힘이 커질수록, 더 높은 선정의 단계에 도달할수록 우리는 자연스럽게 더 현명하고, 건강하고, 고요하고, 선한 사람이 될 수 있고, 여러 문제에 대한 더 좋은 해결책도 찾을 수 있는 능력도 얻게 된다. 수행자는 선지식이 없으면 정체기에 빠지기 쉽다. 그리고 선정의 단계가 높아질수록 정체기에 빠지면 더욱더 빠져나오기 어려워진다. 더 널리 보고 헤아릴 수 있게 된 스스로의 마음에 더 큰 확신을 갖기 때문이다.

만약 수행의 과정에서 정체되어 있으면서도 앞으로 계속 진전하고 싶지 않다면, 그것도 또한 개인의 선택이다. 하지만 나는 있는 자리에서 만족하지 말고 계속 더 앞으로 전진하라고 여러분에게 말씀드리고 싶다. 왜냐하면 앞으로 한 단계씩 나아갈 때마다 여러분은 훨씬 더 행복하고, 안락하고, 지혜로워질 수 있기 때문이다.

그러한 이유로 나는 여러분에게 선지식을 찾으라고 강력하게 권장한다. 여러분이 한 단계 더 나아갈 때마다 더 큰 마음의 해방을 경험할 수 있을 것이다. 그러기 위해 가장 빠르고 좋은 방법은 뛰어난 선지식을 찾는 것이다. 선지식이 여러분을 만나서 지도해주기로 마음을 먹는다면, 여러분이 가진 최고의 잠재력을 이룰 수 있도록 기회를 주실 것이다. 선지식은 어떻게 더 멀리 그리고 더 빨리 갈 수 있는지 알고 있다.

진정한 선지식은 여러분이 지금 어디에 있는지 알 수 있고, 현명하게 여러분 각 개인이 가는 길의 방향을 잡아줄 수 있다. 선지식은 여러분의 환경 조건, 그리고 정신적, 영적인 상황을 알아볼 수 있는 지혜가 있어야 한다. 간단히 말해서 선지식은 여러분에게 어떤 것이 제일 좋은지 잘 알고 계신 분이다. 대승에서는 선지식 아래에서 배우는 것이 매우 중요하다고 한다. 그 이유는 다음과 같다.

첫째, 시간을 절약한다. 시행착오로 배우는 것은 비효과적이고 힘든 과정이다. 멘토, 즉 선생님이 있으면 어려움을 더 빨리 극복할 수 있다. 혼자 노력하는 것보다 훨씬 더 능숙하게 할 수 있게 된다. 수행뿐만 아니라 직장이나 사회생활에서도 그렇다.

둘째, 훨씬 쉽다. 지도를 받으면 수행의 진전이 느려지거나 그만두는 실수를 피할 수 있다.

셋째, 극복해야 하는 개인적인 결점들을 알게 해준다. 우리 스스로의 결점을 보는 것이 진보하는 데 가장 어려운 부분이다. 빛을 켜는 첫 단계는 어둠이 있다는 것을 알아채는 것이다.

실제로 우리는 구정九定, 즉 아라한과에 도달하기 전까지는 선지식을 찾아야 한다. 그때까지는 길을 잃고도 그런 사실을 모를 수 있다.

사실 높은 단계까지 도달한 많은 수행자가 선지식의 지도 아래서 수행하기를 더욱 선호했다. 그렇다면 우리는 어떻게 선지식을 알아볼 수 있을까? 영화 스님은 선지식에 대해서 다음과 같이 설명해주셨다.

"선지식은 명예와 이익에 욕심이 없습니다. 많은 승가의 스님들은 더 많은 사람을 돕고자 하는 마음으로 명예욕에 빠질 수 있습니다. 더 유명하다고 해서 반드시 더 많은 사람을 도울 수 있는 것은 아닙니다. 사실 명예에 집착하면 여러분의 주요 목표가 아상을 키우는 것이 되는 것이고, 그렇다면 다른 이들을 진실로 도울 수 있는 지혜가 없는 것입니다.

또 이익에 집착하게 되면 공정해지기 어렵고, 다른 사람들이 원하는 바가 무엇인지를 먼저 생각하기 어렵습니다. 이는 또한 손실을 받아들이기 어려워지게 합니다. 다른 이들을 도우려면 손해를 보는 것은 필수입니다.

여러분이 하는 질문에 대한 선지식의 대답은 놀랍게도 단순하고 곧습니다. 진정으로 현명한 사람은 큰 노력 없이 혼란을 곧장 뚫어나갈 수 있을 것입니다.

선지식은 여러분을 다른 선지식에게 보내는 데 주저하지 않습니다. 선지식 몰래 다른 선지식의 조언을 구하러 갈 필요가 없습니다.

선지식은 후원자들에게 감사합니다. 감사한 마음은 인간성의 기반이 됩니다. 현명한 사람들은 스스로 빛이 있는 사람들을 알아보고, 그들의 은혜를 갚기 위해 열심히 노력합니다. 특히 선지식은 그들의 선지식들을 향한 감사한 마음을 자주 표현하고, 더욱 훌륭한 선지식들은 당신의 선지식을 위해 일하는 분들입니다."

영화 스님에게 참선을 배우기 시작했을 때, 당시 사미승이었던 현계 스님이 나에게 이런 말을 해줬다.

"영화 스님께서 법문 시간에 말씀하시길 '깨닫기 전까지는 절대 스스로의 마음을 믿지 말라'고 하셨어요."

이상하게도 이 말귀가 항상 마음에 강하게 남았다. 그래서 수행의 길이 힘들고 고될 때, 그리고 영화 스님이 지시해준 가르침을 이해할 수 없어서 실행하기 어려울 때마다, 이 말씀을 떠올리며 스님의 말씀을 따라왔다. 지금 돌이켜 보니 이 한 말씀 덕분에 나는 지금도 불법을 공부하고 수행할 수 있게 되었다. 그러니 수행하면서 많은 실망, 포기, 좌절의 마음을 경험했다 하더라도 끊임없이 좋은 선지식을 찾아보시길 간절히 바란다.(2020. 1)

건강을 회복시켜주는
맹물 단식 수행

지난 몇 년간 참선 수행을 하면서 단식도 1년에 한 번씩 꼭 해왔다. 단식의 뛰어난 효과를 직접 경험하자 심신의 여러 건강 문제를 도울 수 있는 단식법을 다른 사람들도 해보면 참 좋겠다 생각했다. 러시아, 독일, 미국에서는 많은 과학자와 의사가 이미 단식이 어떻게 우리의 건강을 향상시킬 수 있는지에 관해 연구해왔다. 예를 들어 러시아에서는 단식에 대한 연구가 15년 전부터 조용히 진행되었는데, 치료하기 힘든 질병들을 단식으로 극복한 사례가 많이 기록되어 있다. 이와 같이 단식은 몸과 마음의 여러 가지 병을 극복하는 데 도움이 될 수도 있고, 우리 같은 수행자에게는 수행의 또 다른 방법이 되기도 한다.

나는 몇 년 전 태어나서 처음으로 단식을 했다. 겨울 선칠 중 한 도반이 3일 단식을 한다고 해서 나도 '마스터(미국 도량에서는 영화 스님을 마스터라고 부른다)'에게 허락을 구했다. 단식에는 여러 스타일이 있는데, 미국 도량에서 하는 단식 스타일은 하루에 맹물 단 한 컵만 마시도록 하고 있다. 단식을 시작해서 하루가 지나자 배고픔과 목마름뿐 아니라 피곤함, 졸림이 몸과 마음을 괴롭히기 시작했다. LA는 한국에 비하면 겨울에 기온이 많이 내려가지는 않지만, 건물에 난방시설이 제대로 갖춰지지 않아서 더욱 춥게 느껴진다. 특히 단식 중에는 음식물 섭취까지 못 하니 몸은 뼛속까지 추웠다. 처음 단식을 시도했을 때 하루가 정말로 길게 느껴졌다. 우리는 음식물 섭취가 필요해서 밥을 먹지만, 음식의 맛과 향, 그리고 사람들과 어울리는 즐거움을 누리는 부분이 우리 삶에서 아주 큰 부분을 차지한다는 것도 알게 되었다.

매일 점심 공양 시간이 가까워지면 요리하는 냄새가 바람을 타고 참선하는 법당까지 솔솔 들어왔다. 모두 즐겁게 점심을 먹으러 나가면 법당에 홀로 앉아 괴로운 시간을 보내야 했다. 단식을 시작한 지 2일이 지났을 때 괴로운 마음을 달래기 위해 쉬는 시간에 영화를 봤다. 영화에서 한 배우가 우유에 시리얼과 바나나를 넣어서 먹는 장면을 목격했다. 갑자기 바나나의 부드러운 씹는 느낌과 향기에 대한 생각이 머릿속에 침투해서 떠나지 않았다. 나는 너무 절박한 심정으로 바나나 한 개를 먹을 수 있다면 돈 10만 원도 아깝지 않겠다는 생각도 했다.

단식도 결가부좌 수행과 마찬가지로 우리 마음에 망상이 많이 올라오게 한다. 그때 생각에 따라서 몸과 마음을 움직이지 않고, 끈기를 갖고 아무것도 하지 않는데, 이것이 바로 '몸을 이용한 마음의 수행'인 것이다. 영화 스님이 예전에 "몸만 수행할 수 없고, 마음만 수행할 수 없다. 몸으로 마음을 수행시켜야 한다"라고 말씀해주신 기억이 난다. 마음을 괴롭히는 생각들이 극도로 심할 때, 아무것도 하지 않고 그냥 기다리면 된다. 그러면 한순간 갑자기 모든 소리가 줄어들어 잠잠해지게 된다. 지금 생각해보니 그것이 바로 '지관止觀' 중 '지止', 즉 사마타(Samatha)다.

나의 첫 단식 3일 경험은 매우 강렬했다. 이제 막 단식을 마친다는 마음으로 즐거웠는데, 영화 스님이 다리를 이제 풀지 말라고 당부하고 점심을 드시러 가셨다. 결가부좌를 한 지 약 1시간이 지났을 때 영화 스님이 점심을 재빨리 드시고 돌아오셨다. 스님이 보고 계셔서 풀지도 못하고 겨우 괴로운 순간들을 견뎌냈다. 그렇게 1시간 반을 넘게 앉았다. 그때 척추 속으로 창살이 지나가는 듯한 느낌이 들면서 기가 막힌 곳을 뚫어줬다. 너무 고통스러워서 마치 1초가 1시간 같았다. 겨우 1시간 45분이 되어 다리를 풀었는데, 영화 스님이 말씀하셨다.

"조금만 더 일찍 풀었으면 안 됐을 텐데 다행이구나."

이렇게 말씀하시는 동시에 나는 심신의 큰 변화를 느꼈다. 내가 3일 단식에 성공했다는 소문이 돌자, 도량 내 다른 도반들도 너도나도 연이어 다 단식을 시도했다.

나는 그 순간을 잊을 수가 없다. 그날 단식하지 않았다면 1시간 45분의 결가부좌를 할 수 없었을 것이다. 그 후 3일 정도 아래 척추 부위가 간질거리며 무언가가 척추 속을 만지는 것 같은 느낌이 들었다. 당시 아래 허리 부분이 좋지 않았는데, 그날 이후 허리도 더 튼튼해지고 허리 통증도 사라졌다.

단식을 해보니 그 효과가 너무 좋아서 1년에 한 번씩 단식하게 되었다. 요즘은 9일 맹물 단식을 한다. 9일 이상 물 단식을 하면 심신이 크게 정화되고 지병들도 많이 고쳐진다. 예를 들어 나는 어릴 때부터 비염을 달고 살았는데, 9일 단식하는 동안 계속 감기 몸살이 생긴 것처럼 코가 막히고 아팠다. 단식 후에는 몸살이 언제 있었느냐는 듯이 갑자기 정상이 되었다. 그리고 코가 막히는 증상이 많이 좋아졌다. 주변의 여러 도반도 단식으로 수행에 큰 도움을 받고, 건강 문제를 향상시킨 경우가 많다.

단식하면 처음 3일간 우리의 몸이 혈당과 글루코스를 먼저 다 사용하고, 그다음은 몸속에 축적된 불순물과 독소, 지방 등을 분해해서 에너지화한다. 그런 후 더 이상 분해할 에너지원이 없으면 가장 필요한 장기를 제외한 나머지 부분의 운영을 중단하기 시작한다. 모든 장기가 완전히 다 멈춰서 우리의 장기들이 휴식을 취하기까지 3일이 걸린다. 그렇기 때문에 단식하는 동안 과일 주스나 야채 수프를 조금이라도 섭취하면 장기가 멈추고 휴식을 취하는 과정에 도달하는 데 더욱 오래 걸리고 효과도 약해진다.

단식하면 몸과 마음이 가벼워지고 생각이 줄어들어 수행에 큰 도움이 된다. 설탕이나 카페인처럼 우리 몸에 해로운 물질들에 대한 중독도 많이 줄어들게 된다. 단식 후에는 소화 기능이 마치 컴퓨터의 '리셋(reset)' 버튼을 눌러 재가동한 것처럼 건강에 좋은 음식은 맛있고, 건강에 나쁜 음식은 원하지 않게 되는 경우가 많다.

그러한 이유로 많은 이들에게 단식을 적극 권장한다. 한 번도 해보지 않은 분들은 24시간 단식부터 시작해보자. 특별한 건강 문제가 없는 분들은 이렇게 단식을 1일 또는 3일까지 혼자서도 할 수 있다. 혼자서 큰 문제 없이 3일까지는 안전하게 단식 수행을 할 수 있다. 3일 이상 단식을 하고 싶으면 반드시 단식 경험이 많은 선생님 또는 담당 의사와 상의해야 한다. 단식을 3일 이상 하는 경우 몸의 상태가 급격히 변할 수 있기 때문에 혼자 하는 것은 위험할 수 있다. 예를 들면 먹은 것이 없는데도 계속 속이 불편하거나 몸이 간지러운 증상이 있기도 하고, 예전에 다쳤던 부위가 다시 아프기도 한다. 어떤 분은 멈추지 않고 계속 토하는 경우도 있다.

물론 집에서 단식하는 것은 수행 도량에서 하는 것보다 훨씬 어렵다. 단식을 하는 동안 밖에 돌아다니는 것은 좋지 않다. 갑자기 일어나면 어지러울 수 있고, 반사 속도가 느려지기 때문에 단식하는 동안 운전하는 것도 좋지 않다. 지난 몇 년간 한국에서 온 여러 스님도 우리 도량에서 대중과 함께 9일 물 단식을 하며 참선했다. 하루에 단 한 잔의 물만 마시는 이런 단식 수행은 다른 스타일에 비해 훨씬 어렵지만, 그만큼 짧은 기간 동안 뛰어난 효과를 볼 수 있다.

단식을 마친 후에는 흰쌀이나 현미로 만든 연한 죽을 먹기 시작한다. 2시간에 한 번씩 소량을 먹으면 소화 기능이 다시 작동한다. 소화 기능이 다시 작동하면 옅은 된장국이나 익은 야채 등 양념이 없거나 거의 없는 깨끗한 음식부터 먹기 시작해야 휴식을 취하던 장기에 무리가 가지 않는다. 또한 단식하면서 결가부좌 수행에 도전해보자. 단식법을 사용하면 수행에 가장 좋은 자세인 결가부좌의 고통이 훨씬 줄어들 것이다. 결가부좌 수행을 하고 싶은데 어려움이 많다면 단식을 적극 추천한다.(2019. 11)

행복幸福과 안락安樂

세계적으로 많은 사람이 공통적으로 관심 있는 주제는 '행복'이다. 어느 문화권에서든 최고로 인기 좋은 법문 주제도 또한 행복이다. 너도 나도 다투어 행복에 관해 이야기한다. 하지만 나는 개인적으로 사람들에게 참선을 지도할 때 '사랑'과 마찬가지로 '행복'이란 단어는 거의 사용하지 않는다. 왜냐하면 행복이란 단어는 사람에 따라 그 의미가 다르고, 그렇기 때문에 학생들이 혼돈스러워할 수 있기 때문이다. 보통 우리에게 행복의 의미는 외부 조건이나 환경에 따라 계속 변하기 마련이다. 예를 들어 우리는 원하던 직장을 얻어서 만족스러우니 행복하다고 느끼기도 하고, 크고 좋은 집을 장만해서 행복하다 말하기도 한다. 또는 멋진 연인이 사랑해주니 행복하다고 생각하기도 한다. 이런 행복은 아직도 외부 조건에 의지하니, 조건이 바뀌면 우리 마음도 더 이상 행복하기 어렵다. 우리가 끊임없이 행복을 추구한다면 마음의 고통도 끊이지 않을 것이다.

하지만 우리에게는 불교의 가르침이 있다. 불교가 다른 종교들에 비해 아주 뛰어난 점이 있다면 '이고득락離苦得樂', 즉 온갖 고통에서 벗어나 안락을 얻을 수 있는 수행법이 있다는 것이다.

우리에게 잘 맞는 바른 수행법을 찾아서 할 수만 있다면, 우리는 곧 번뇌와 망상을 볼 수 있게 되며, 수행의 길로 들어설 수 있을 것이다. 예를 들어 수행을 하려면 결가부좌나 반가부좌로 앉아서 아픔을 견뎌야 하고, 단식을 하면 배고픔과 목마름을 참아야 한다. 또한 수없이 많은 절을 하면서 쑤시고 아픈 몸을 참아내야 한다. 어떤 사람들은 부처님이 중도를 설하셨으니, 극단적인 고행은 하지 않는 것이 좋다고 말한다. 하지만 부처님의 고행은 단지 결가부좌로 겨우 몇 시간 앉거나, 물 단식 며칠 하면서 겪는 아픔과 고통과는 비교할 수 없이 더 컸다. 부처님이 많은 고행 끝에 음식을 받아 드시고 다시 깊은 명상에 들어간 모습을 보고, 우리의 어리석은 마음으로 고행이 필요없다고 단정 짓는다면 불교는 허무주의가 되어버릴 것이다.

미국 위산사에서는 많은 사람이 결가부좌로 수행하고, 선칠 기간 동안에는 물 단식을 한다. 심지어 유치원이나 초등학교 다니는 아이들부터 80세 이상의 노인들까지도 결가부좌 1시간 이상은 기본으로 하고 있다. 이들도 결가부좌를 시작하였을 때 각자 심신의 문제에 따라 아주 괴롭고 힘든 과정을 거쳤다. 하지만 우리가 결가부좌 수행이나 단식, 절, 염불 등의 수행을 하면서 겪는 어려움과 고통은 우리의 몸과 마음을 정화해주고, 건강을 증진해주는 한 과정일 뿐이다.

나 역시 결가부좌의 아픔이 너무 싫었다. 앉을 때마다 너무 아프고 괴로웠다. 하지만 이런 과정을 거치면서 아주 좋은 것을 배웠다. 그중 하나는 결가부좌 상태에서 다리를 풀고 싶을 때 또는 단식 중 배고픔과 목마름을 해소하고 싶을 때, 이런 불평하는 여러 생각이 조용해질 때까지 아무것도 하지 않고 기다려야만 마음이 평화롭고 고요해진다는 것이다. 마음이 쉬지 않고 불평해도 원하는 대로 해주지 않고 기다리면, 마음의 시끄러운 소리들이 잠잠해진다. 이것이 바로 마음이 요구하고 졸라대는 것을 해주거나, 외부 조건에 의존하여 행복을 추구하는 대신 마음의 안락을 얻는 방법이다.

부처님은 행복을 추구하는 대신 우리의 삶이 고통이라는 사실을 알고 물이 마른 연못의 물고기처럼, 머리에 불이 떨어진 사람처럼 쉬지 말고 수행하라고 가르치셨다. 수행으로 우리는 행복보다 더욱 지속적이고 편안한 마음의 안락을 경험할 수 있다. 우리의 마음은 항상 행복과 즐거움만 추구하고 고통과 아픔을 피하기 때문에, 고행으로서 그 중간에 있는 중도를 찾게 되는 것이다. 그것이 바로 안락이고 균형이다. 안락은 행복하거나 불행한 양면이 없고 항상 편안한 것이다. 삼매에서 오는 안락은 좋은 것도 없고, 싫은 것도 없고, 원하는 것도, 원하지 않는 것도 없는 그런 것이다. 그러니 내 밖에서 찾는 행복이 아니라 내면의 깊은 행복을 안락이라 하는 것이다.

훌륭한 선지식은 수행하고자 하는 사람들에게 즐거움을 좇으라 가르치지 않을 것이고, 선정의 힘을 키우고 지혜를 열 수 있도록 안내해줄 것이다. 마음을 열어 지혜를 찾으면, 여러분의 어려움과 문제도 마음에서 비롯된 것이라는 사실을 볼 수 있게 될 것이다.(2019. 12)

수행이 수년간
제자리걸음이라면

미국에서 영화 스님으로부터 배운 불법
은 비록 언어와 그 모습이 달랐지만, 나는 어릴 때부터 한국에서 듣고
배운 불교와 일맥상통한다고 느꼈다. 한국에도 훌륭한 수행자와 스님
들이 계시겠지만, 내가 직접 듣고 경험한 영화 스님의 불법과 선화 상
인의 위앙종 정통 불교가 한국의 수행자들과 인연을 맺었으면 하는
마음으로 한국을 방문하기 시작했다.

선화 상인의 종지宗旨를 마음에 새기면서 2016년과 2017년에 혼자
한국을 방문하여 인연 닿는 대로 전국 각지의 여러 절을 방문했다. 그
때 우연히 여러 스님과 인연이 되었고, 그중 두 스님께서 마음을 열어
주셔서, 영화 스님을 한국에 초대하여 선불교의 정수인 선칠 수행을
한국에서도 해보자는 의견이 모아졌다. 미국에 돌아와 영화 스님께
조심스럽게 한국에서 있었던 일들을 말씀드리면서, 한국에 가서 선칠
수행을 소개할 수 있을지 여쭤보았다.

다행히도 영화 스님은 흔쾌히 가보자고 하셨다. 당시에는 사람들이 얼마나 올지 전혀 알 수 없었고, 예산도 거의 없었으며, 무료 행사이다 보니 어려움도 많았다. 2018년에 처음 서울과 제주에서 한 선칠禪七에 예상 외로 많은 분이 오셨다. 첫째 날 오신 분들 중 몇몇은 지인들에게 같이 하자고 연락하기 시작했고, 매일 참여하는 분들의 숫자가 늘어났다.

그다음 해인 2019년에는 영화 스님이 더 많은 제자들과 함께 한국을 방문하셨다. 이때 선칠뿐만 아니라 아미타불 염불 수행인 불칠佛七도 함께 했다. 한국 수행자들은 선뿐만 아니라 염불과 정토에도 강한 관심이 있었다.

한국 수행자들 가운데 지난 수년간 또는 수십 년간 정체기에서 벗어나지 못한 분들을 흔히 볼 수 있었다. 이분들 또한 스스로 정체기에 머물고 있다는 것을 잘 알고 있었다. 그럼에도 불구하고 불법을 향한 이들의 강한 신심과 수행하고자 하는 확고한 의지는 살아 있었다.

미국 사람들은 주저 없이 궁금한 점을 묻는데, 예의 바른 한국 사람들은 질문 하나를 하면서도 매우 신중하다. 수행하며 부딪힌 어려움이나 장애에 관해 묻고 싶어도 혹여 다른 분들에게 피해가 되지 않을까 봐 염려하거나 그것도 본인이 부족한 탓이라고 생각하면서 물어봐도 될지 망설이는 경우가 많다.

반면 미국 사람들은 참선을 지도해주어도, 한번 해보기도 전에 '왜' 해야 하는지 확신을 갖게 해달라고 요구한다. 그리고 참선을 해서 좋은 변화가 많이 생겨도, 한 발자국 나아갈 때마다 계속 더 물어보면서 지시 사항을 일단 논리적으로 이해하고 싶어 한다.

한국 수행자들은 열심히 수행하면서 정체기에 빠져 심신의 큰 변화가 없어도 절대 포기하지 않는다. 하지만 수행하면서 어떤 장애를 경험하는지 이들에게 물어보면, 본인이 부족하고 더 열심히 하지 못하기 때문에 앞으로 나아가지 못하는 것이라 대답한다. 셀 수 없이 많은 절을 하고, 불경을 낭송하고, 수십 년 동안 끊임없이 염불하면서도 아직 본인이 부족하여 깨닫지 못했다고 말한다.

우리가 수행하면서 장애를 겪는 것은 사실 아주 좋은 일이다. 이런 장애들은 우리의 마음속에 있는 문제를 드러내주는 현상일 뿐이다. 수행자가 혼자의 힘으로 이런 문제를 훤하게 들여다보고 해결할 수 없기 때문에 누군가가 와서 말해주어야 한다. 스스로 이미 이해할 수 있었다면 그 장애를 극복했을 것이다. 그렇기 때문에 이미 비슷한 문제를 극복하고 뛰어넘은 지혜로운 수행자를 찾아 물어봐야 한다. 어떤 부분을 잘못하고 있는지 정확히 꼬집어서 보여줘야만 장애를 극복하고 넘어갈 수 있게 된다. 그렇지 않으면 수행 자체가 수행의 목적이 돼버릴 수 있고, 제자리걸음을 하면서 죽을 때까지 장님처럼 벽에 부딪혀 반복적으로 수행하게 된다.

오늘 선화 상인의 『42장경 강설집』을 펼쳤다가 우연히 이런 대목을 읽게 되었다.

"비구(스님)들이 그들의 의문을 표하였습니다. 그리고 비구들은 부처님에게 설법을 청하여, 불법에 대한 잘못된 이해와 의심을 풀어달라고 물었습니다. 그들이 부처님께 수행을 계속 더 해야 할지, 아니면 있는 곳에서 멈추어야 할지 물었습니다. 부처님께 결정을 내려달라고 물어본 것입니다. 이때 세존께서는 그들이 '각오覺悟', 즉 깨달을 수 있도록 한 명씩 가르치고 교화하셨습니다. 부처님께서 이들 비구들을 교화하고, 무엇을 해야 할지 알려주셨습니다. 부처님께서 이들에게 말씀해주셨습니다. 부처님께서 이들을 교화하신 후, 이들 비구들은 모두 다 깨달았습니다."

이 대목에서 보듯이 부처님은 제자들 한 명씩 무엇을 해야 할지 알려주셨고, 그래서 제자들은 깨달을 수 있었다. 만약 수행하면서 궁금하거나 확실하지 않은 점이 있다면 선지식을 끊임없이 찾아야 한다. 부처님도 깨닫기 전 많은 스승님을 찾아 배움을 청하였다. 그리고 배운 대로 다 했는데도 아무런 발전이나 변화가 없을 때 비로소 새로운 스승을 찾아 나섰다. 수행하며 정확하게 무엇을 어떻게 실행해야 하는지 의문이 있다면 정확한 방향을 지도해줄 수 있는 선지식을 찾아야 한다.(2020. 4)

포교 없는 포교

　　　　　　　　　　　몇 년 전 미국에 있을 때의 일이다. 영화 스님의 사찰인 노산사와 위산사에 한국 사람들이 간혹 방문하기 시작했다. 그들은 나에게 "불교 포교 활동을 참 잘하시는군요"라고 말했다. 그럴때면 내심 '어떤 부분을 포교라고 하시는 것일까?'라는 의문이 들었다.

　영화 스님을 만나러 또는 참선을 배우러 오는 분들과 함께 수행하며 배우고 느끼고 경험한 이야기를 나누는 일은 그저 인간이라면 당연히 해야 할 일을 하는 것이라 생각한다. 그리고 그렇게 하는 것이 아무런 대가도 원하는 것도 없이 수년간 지도해주신 스승님에게 보답할 수 있는 최상책이라 생각한다.

　그래서 매주 미국 주민센터에서 참선을 지도하고, 절의 방문객들이 최대한 편하게 느낄 수 있도록 노력하고, 불교 잡지에 글을 쓰고, 영화 스님의 법문과 책을 통번역하는 일들이 포교 활동이라고 생각한 적이 없었다. 그저 좋은 것을 다른 이들과 나누고 싶었을 뿐이다.

최근 한국에 귀국한 후, 절에 열심히 다니는 어느 분과 이야기를 나누게 되었다. 매우 성실하고 마음 씀씀이가 좋아 보이는 이분의 꿈은 장사를 열심히 하고 돈을 모아서 집 위층에 어느 노스님을 모시는 일이라 했다. 그리고 요즘 젊은이들이 불교에 관심이 없어서 우려된다고 하셨다. 근처 대학교에서 지도하는 교수님들이 1명당 학생 3명씩만 포교하고, 또 이 학생들도 1명당 평생 단 1명씩만 포교를 해도 이런 문제가 해결되지 않겠느냐고 했다.

나는 그분에게 이렇게 말씀드렸다.

"네, 맞아요. 요즘 절에 젊은 사람들이 많이 부족합니다. 그렇지만 포교를 그렇게 하면 첫 단추부터 잘못되는 겁니다. 왜냐하면 가르치는 사람이 불교 신자인지 불교 신자가 아닌지 분별하는 마음으로 시작하였기 때문입니다. 불교는 우리로 하여금 차별하지 않고 변두리 없이, 즉 막힘이 없는 상태가 되는 방법을 가르칩니다. 예를 들어 '너는 천주교인, 나는 불교인'이라는 생각부터 시작한다면 이는 바로 '내가 너를 불교인이 되도록 해서 구제하겠다'라는 마음이 될 수 있기 때문입니다. 그리고 이는 또한 '난 맞고 너는 틀리다'를 전제로 하는 것입니다. 불교에는 옳고 그름이 없습니다."

미국에서 운영하던 참선 교실의 학생 중 80퍼센트는 가톨릭 신자였다. 그 지역에 중남미 계열의 사람들이 많았기 때문인데, 이들은 대부분 모태 신앙으로 가톨릭 신자인 경우가 많다. 참선 교실에 오기는 하지만 천주교의 신앙심이 강렬한 사람도 꽤 있다. 나는 이들에게 먼저 왜 명상을 하고 싶어 하는지 묻는다. 그래서 그들이 명상(또는 참선)을 통해 성취하고 싶어 하는 것을 도와준다.

영화 스님은 나에게 대승은 그들이 원하는 것을 얻도록 해주는 것이라 하셨다. 그리고 수행하는 자는 절대로 다른 이들에게 자신의 의도나 의지를 강요하면 안 된다고 가르치셨다.

처음 참선을 배울 때부터 지금까지 영화 스님은 묻기 전에는 미리 무언가를 가르쳐주려고 하지 않으셨다. 지난 수년간 영화 스님의 지도를 받았는데, 스님은 이미 훨씬 더 많은 것을 알고 계셨지만 한 번도 마음을 조급해하시거나, 내가 너무 모른다고 무시하신 적이 없었다. 영화 스님은 제자들을 위해 항상 인내를 갖고 기다려주셨고, 그러한 이유로 지난 수년간 수행하면서 나 스스로 선택을 할 수 있었다. 그러니 출가 후 아무리 힘든 일을 겪어도 나 스스로 한 선택임을 알기에 후회하지 않았다.

종교 생활로 좋은 경험을 한 사람들은 좋은 의도로 다른 이들에게 권장할 수 있다. 하지만 지혜가 부족하면 자칫 본인의 의도를 다른 이들에게 강요하게 된다. 내 개인적인 의견으로는 아무리 좋은 것도 스스로의 선택에 맡기지 않고, 강요나 힘으로 다른 이들이 따르게 만드는 것은 청정하지 못한 일이라고 본다. 특히 부처님의 법으로 수행하는 사람이 영적인 힘으로 다른 이들에게 자신의 의지를 강요한다면 그것이야말로 사악한 존재가 되는 일 아닐까?

우리의 참선 교실에 꾸준히 참여한 학생들은 누구든 많은 것을 얻을 수 있었다. 다리가 아프고 힘들어도 열심히 참으면서 수련한 이들은 스트레스 감소, 마음의 편안함, 불안증·우울증·불면증과 같은 정신적 질환의 개선, 다른 사람들과의 인간관계 향상 등 많은 이점을 경험했다. 이들은 종교, 인종, 나이 등에 상관없이 새로 온 학생들과 자신의 경험을 나누면서 서로를 격려했다.

내게는 이런 순수한 마음을 가진 학생들이야말로 성당에 다니든 교회에 다니든 더욱 대승적이고 불교적인 사람들이다. 아상의 변두리를 내리고, 본인이 겪었던 몸과 마음의 어려운 경험들을 나누고, 함께 수행하자고 독려하는 이런 이들이야말로 참된 불교인이다.(2020. 5)

번뇌를 알아차리는 힘과
물리치는 힘

우리 대부분은 반복적으로 저지르는 문제와 실수가 있다. 절에 찾아와서 자신의 그런 문제와 고민을 털어놓는 사람들이 많은데, 대부분 공통적으로 하는 말이 이렇다.

"나도 내 문제를 알고 있어서, 고치려고 많이 노력하고 있어요."

우리가 저지르는 문제와 실수는 항상 우리의 생각에서 비롯된다. 먼저 생각이 있어야 말과 행동으로 이어지고, 그것이 다른 이들과 충돌하거나 마찰을 일으켜 커지면 더욱 큰 문제가 돼버린다. 그런데 애초부터 생각으로 인해 생기는 문제를 다시 생각으로 풀거나 고치려고 하니 한계가 생긴다.

그런 이유로 이런 문제들을 근본적으로 풀고 해결하기 위해 불교에서는 여러 가지 수행법을 제시한다. 예를 들어 참선, 절, 불경 독송 및 사경, 염불 등의 방법들은 선정의 힘을 키움으로써 우리의 몸과 마음을 완전히 변화시키는 것이다. 마음의 변화가 생기기 때문에 보고 들고 느끼고 생각하는 방식에도 완전한 변화가 생기는 것이다.

그러므로 세상 사람들이 흔히 문제가 있을 때 연구하고 논리적으로 분석하고 이해하여 그 문제를 해결하려 하는 접근 방식과는 다르다. 예를 들어 우울증이나 불안증이 매우 심각하거나, 갑작스럽게 화가 폭발하는 사람을 심리 상담이나 교육으로 돕고자 하는 접근 방식과는 완전히 다르다.

우리의 정신적인 문제들은 바른 수행법과 꾸준한 노력으로 풀어갈 수 있는데, 수행 과정에서 우리가 얻을 수 있는 2가지 힘을 통하여 그 것이 가능하다.

하나는 우리의 번뇌와 문제를 알아차릴 수 있는 능력이고, 다른 하나는 그런 문제를 제압할 힘이다.

분노를 터뜨리면서도 "나 지금 화난 거 아니야"라든지 "나는 지금 그냥 설명하는 거야", "이런 상황에서 이 정도도 말 못 해?"라고 말하는 사람들을 많이 본다. 이들에게 "흥분을 가라앉히고 계속 말해봐요"라든지 "화낼 필요는 없을 것 같은데"라는 말이라도 하면, "내가 무슨 화를 낸다고 그래?"라면서 더 강하게 분노를 터뜨릴 것이다.

불교 수행을 적절한 방법으로 열심히 하면 이 뜨겁고 활활 타오르는 화의 기운이 식을 수 있다. 그렇게 비로소 화가 식은 상태를 경험함으로써 화났을 때 이를 인식할 수 있는 능력이 생긴다.

그래서 참선이나 여러 불교 수행법으로 변화가 생기기 시작한 학생들은 자연스럽게 자기 내면에 대한 통찰력을 키우게 된다. 참선을 배우는 학생들은 자기 자신도 모르면서 해왔던 원치 않거나 부정적인 말과 행동, 생각들을 더 많이 알아차리게 되고, 내게 종종 이런 부분들을 말해준다. 우선 원치 않거나 바람직하지 않은 생각을 명료하게 알아차려야만 이런 생각들을 줄이거나 없앨 수 있는 기회가 있다.

알아차리기 시작한다고 해서 그런 습관들이 갑자기 사라지거나, 혼자의 힘으로 막을 수 있는 것은 아니다. 때에 따라서 마음속에 올라오는 문제를 자각하면서도 어찌할 수 없거나, 조금씩 알아차리더라도 문제가 생기고 실수를 저지른 후에야 명료하게 알아차리게 되는 경우도 많다. 예를 들어 우울증 증세는 매우 흔한 것이다. 아주 심각한 우울증이 있어서 전문가의 치료를 받아야 하는 일도 있지만, 약간 기분이 가라앉았거나 무기력한 증세의 예도 있다. 이 문제가 심각하지 않은 경우 많은 사람은 그저 당연하거나 평범한 일로 받아들이고 살 수 있다.

불교 수행에는 이런 문제를 제압할 수 있는 수많은 도구가 있고, 수행의 힘이 커지면 커질수록 이런 비생산적인 기분이나 감정을 제어할 수 있는 힘을 키울 수 있게 된다. 영화 스님이 늘 이렇게 말씀하셨다.

"불교 수행을 하는 데 한 가지 법에만 고집할 필요가 없다. 불법은 유연하다." (2020. 9)

이성적 사고와 분석,
마음의 장애가 돼버리다

우리는 이성적인 분석과 사고를 통해 결정하기를 좋아한다. 특히 아주 중요한 결정을 해야 할 때 더욱더 열심히 인터넷을 검색하고 참고 자료를 읽고 전문가들에게 조언을 구하는 과정을 거치고, 결정을 내릴 때까지 쉬지 않고 많은 생각과 고민을 한다. 그것이 안전한 방법이라 여기기 때문이다. 그래서 문제에 대한 이유를 분석하고 찾아내려고 끊임없이 노력한다.

바르게 참선을 배워서 성실하게 수행하면 불안증, 우울증, 불면증, 화, 증오와 같은 문제를 아주 빠르고 효과적으로 개선할 수 있다. 이것은 지적인 추론이나 주장이 아니다. 지난 5년 동안 영화 스님의 지도하에서 수천 명의 학생에게 참선을 소개하고 이끌어보니 실제로 이런 다양한 문제들이 개선되는 것을 볼 수 있었다. 영화 스님이 지도해주신 방법대로 성실하게 따라서 수행하는 사람들은 대부분 이러한 효과를 경험했다.

참선을 시작한 지 얼마 되지 않은 학생들이 보통 공통적으로 겪는 장애가 몇 가지 있다. 그중 가장 흔한 장애가 바로 예전에 책으로 읽고 배워서 '머리로' 이해한 논리 때문에 의구심을 품거나 실행해보기도 전에 마음속으로 수행이 줄 수 있는 결과에 한계를 두는 것이다. 또한 수행에 노력을 기울기보다는 탐구하고 분석하는 데 시간과 에너지를 낭비하기도 한다. 예를 들면 자신의 문제 또는 개선하고 싶은 사항에 관한 이유를 이해하고 싶어 한다. 당연한 일이다. 하지만 수행에서는 이런 것들이 쉽게 장애가 되고 만다.

많은 학생이 이렇게 묻는다.

"남편이 항상 나에게 이런 식으로 말하고 행동하기 때문에 화가 나요. 남편이 내 말을 잘 들어주고 배려하면 괜찮아지겠죠? 남편은 왜 그럴까요?"

"어릴 때 폭행을 당했습니다. 그 후로 후유증 때문에 불안증이 있습니다. 어릴 때의 폭행 때문에 불안증이 있는 것이겠지요?"

"나는 회사에서 상사 때문에 너무 스트레스가 많습니다. 그래서 가족하고 화목하게 지내는 데 어려움이 있습니다. 회사를 옮기면 괜찮겠지요?"

이렇게 사람들은 화, 불안, 우울 등의 문제의 답을 밖에서 찾는 경향이 있다. 항상 "왜"냐고 묻지만, "어떻게" 근본적으로 이런 원치 않는 감정들을 줄일 수 있는지 묻지 않는다.

미국에서 참선을 지도할 때 한 학생을 만났다. 나이도 나와 비슷했다. 이 여자분은 예쁘고 몸도 매우 건강해 보였다. 그런데 안쓰럽게도 어릴 때 성폭행을 당했다. 30대가 된 이분은 대학도 괜찮은 곳을 나왔지만 원인을 알 수 없는 통증 장애 때문에 회사 생활을 제대로 할 수가 없었다. 결가부좌로 참선하며 매일 열심히 수행하면서 이런 통증이 훨씬 줄었다. 통증 때문에 회사 생활이 어렵다고 말하지만, 이 사람은 사실 피해망상도 있었다. 대화할 때면 아주 작은 것에도 방어적인 태도를 보였다. 그러니 상사나 동료들과의 적절한 사회생활에 장애가 많을 듯했다.

참선과 결가부좌 수행으로 피해망상이 확연히 줄었는데도 어느 날부터 참선 교실에 잘 안 나왔다. 나중에 만나서 이야기해보니 대체 의학, 지압, 기 치료 등과 같은 다른 방법을 찾아다닌 듯했다.

이처럼 결가부좌 자세로 하는 참선법을 배워서 아주 좋은 효과를 보았는데도, 당장 앉으면 너무 아프고 싫으니까 계속 다른 방법을 찾으러 다니는 경우가 있다.

이 여자분의 경우 참선 교실에 와서 즉시 좋은 효과를 보았다. 그래서 통증 장애도 많이 좋아진 상태였다. 하지만 예전에 읽었던 명상책이나 다른 유명한 영적 지도자들의 말과 일치하지 않는 부분이 있다고 생각하면 말이 안 된다고 반대하거나 의구심을 많이 품었다. 그때마다 나는 그녀에게 말해줬다.

"반대해도 좋고, 나를 좋아하지 않아도 괜찮아요. 하지만 내가 알려준 대로 수행해서 통증 장애도 좋아지고 마음도 편해졌다면 일단 그냥 열린 마음으로 따라해보면 어떨까요?"

얼마 후 그녀는 어떤 지압사를 만났는데 골반이 틀어져서 통증 장애가 생긴 것 같다는 이야기를 들었다면서 좋아했다. 상담한 지압사 분이 어떻게 골반이 틀어져 그런 문제가 생겼는지 매우 논리적으로 잘 설명해준 것으로 보인다. 그녀는 몇 달 동안 참선 교실에 오지 않았다. 그런데 얼마 후 다시 참선 교실에 오기 시작했다. 아직도 얼굴은 불안함과 근심으로 가득했다. 다시 돌아온 그녀는 참선 교실에 임하는 태도도 더욱 겸손해졌다.

이와 마찬가지로 대부분의 사람들은 수행의 지침에 대해서도 과거에 배우고 들은 내용을 기반으로 생각해서 논리에 맞는지를 계산한다. 그것은 당연한 일이다. 비슷한 문제를 가진 수많은 사람이 해보고 효과를 보았다는 사실적인 증거를 제시해도 그 방법이 본인의 이성적인 논리, 사고, 분석과 일치하지 않는다면 시도해볼 생각도 하지 않는다. 이것이 바로 우리가 믿고 자부했던 지적인 이성이 오히려 우리를 장님으로 만드는 일이다.

수행은 우리가 지금까지 배운 이성적인 논리와 다를 수 있다. 수행하면서 선정의 힘을 키우면 지금까지 믿어온 이성적인 논리도 다르게 이해될 수 있다. 선정의 힘이 커지면 필요 없이 과도한 이성적 사고와 분석 활동은 줄어든다. 수행은 우리의 마음을 고요하게 해주고, 지금 당장 필요한 생각 단 하나에만 내 마음을 모을 수 있는 힘을 키워준다. 우리가 당장 하고자 하는 일에 모든 마음과 에너지를 집중할 수 있다면 우리가 하고 싶은 어떤 일이든 해낼 수 있을 것이다. (2020. 5)

한 번에 한 명씩만
구하면 된다

큰 학회에 초청을 받아 강연하며 참선을 소개할 때 1백 명 이상이 참석하는 경우도 있고, 어떤 참선 교실에는 학생이 몇 명만 오는 경우도 있다. 영화 스님은 학생이 많든 적든 중요한 것이 아니라고 하시면서, 한 번에 한 명씩만 구하면 된다고 하셨다. 우리는 수만 명의 신도가 따르는 것은 관심이 없고, 한 명이 오더라도 수행으로 진정한 변화가 생기고 그들이 원하는 것을 얻게 해주면 그걸로 된다고 하셨다.

유럽이나 미국과 같은 서양 문화권에서 명상이란 최대한 편한 자세로 앉거나 누워서 듣기 좋은 음악을 듣거나 호흡을 천천히 하는 것으로 알려져 있다. 그런데 아프고 어려운 결가부좌로 앉아서 참으라고 해야 하니 누구든 따라 하기 어려울 것이라 예상했다. 그러나 놀랍게도 개선하고자 하는 문제가 있고 인생이 변화하기를 진정으로 원하는 학생들은 포기하지 않고 열심히 따라왔다.

열심히 수련하여 심신의 변화를 경험하기 시작한 참선 학생들이 차츰 모이기 시작했다. 대수로워 보이지 않는 일이지만 참선 교실이 이들에게 사실 중요한 일이라는 것도 알게 되었다. 그래서 2018년부터는 지역 공원에서 하는 참선 교실을 확대하여 미국 전역의 여러 도시에서 참선 워크숍을 했다.

2018년은 아직 출가하기 전이었다. 사업상 미국 내의 많은 도시로 출장을 다녀야 했다. 출장 기회를 이용하여 샌디에이고, 샌프란시스코, 라스베이거스, 덴버, 마이애미, 시애틀 등의 주요 도시에서 참선 워크숍을 열었다. 개인적으로 시간과 비용을 들여가며 혼자서 참선 교실을 위한 장소 섭외, 광고, 웹사이트 업데이트 등을 할 수 있는 만큼 열심히 노력했다. 그렇다 보니 어떤 때에는 참선 워크숍을 하기로 했지만 광고나 준비가 충분하지 못한 경우도 있었다. 영화 스님은 그래도 괜찮다고 하시면서 무료로 계속 하고, 광고는 걱정하지 말라고 하셨다.

그러던 중 명상에 대한 뉴욕 사람들의 관심이 급증하는 것을 알아차리고, 2018년 10월에 일주일간 뉴욕 내 월스트리트, 미드타운, 브루클린 등의 여러 지역에서 참선 워크숍을 계획했다. 처음 동부에서 하는 수업이니만큼 참선 워크숍에 많은 사람이 오지는 않을 거라고 판단했다. 그런데 영화 스님께서 직접 가시겠다고 하셨다. 갑작스러운 계획 변경으로 준비가 부족했는데, 행사 날짜가 가까워지니 사람들이 적게 올까 걱정이 되기 시작했다.

걱정이나 불안감으로 마음이 동요되지 않으려 노력하면서 참선 위크숍을 진행했다. 먼 미국 동부에서 하다 보니 행사장을 미리 방문해보지 못하고 정했기 때문에, 막상 행사장에 도착해보니 어수선한 곳도 있었고, 생각했던 것과 환경이 크게 다른 경우도 있었다. 참선 워크숍 참여자가 10명도 채 되지 않는 경우도 있었다. 스승님을 모시고 간 장소가 미리 준비가 제대로 안 되어 있어 죄송스러웠는데, 스님은 계속 "아무 상관없다"라고 말씀하셨다.

영화 스님은 미국인 참여자들에게 한결같이 차분하게 선정이 무엇인지, 참선을 왜 하는지, 왜 가장 좋은 참선의 자세는 불편한 결가부좌인지 등을 설명해주시고, 수행에서 중요한 것은 선정의 힘을 키우는 것이라고 알려주셨다. 스님은 또한 이들에게 선정의 여러 단계를 설명해주시고, 불법만이 색계, 무색계를 벗어나 아라한과 이상까지 갈수 있는 테크놀로지가 있음을 알려주셨다. 언뜻 듣기에는 참선이나 불교에 관해 전혀 모르는 미국인들에게 왜 이런 설명까지 하시는지 좀 의아하게 느껴졌다. 그런데 성철 스님께서 『백일 법문』의 서론에서부터 깨우친다는 것에 대해 강조하셨던 기억이 났다. 영화 스님도 영적 수행에 관심을 보이는 미국인들에게 깨달음에 대해 갈망하는 마음을 심어주신 것은 아닐까 생각했다.

참선을 지도할 때마다 "아무 상관없다. 모두 괜찮다"는 스님의 말씀을 상기하면서 학생이 한 명만 오더라도, 참선 교실의 장소가 시끄럽더라도, 참석한 학생 10명이 모두 천주교인이어도, 그들의 문제를 들어주고, 어떻게 수행해야 그들의 문제를 풀 수 있는지 최선을 다해 노력해왔다.

만약 참선을 지도하면서 '참선 교실을 성공적으로 하고 싶다' 또는 '어떻게 하면 불교 포교를 잘할 수 있을 것인가'라는 마음을 냈다면, 참선 교실의 주인공은 더 이상 학생이 아닌 선생님이 되어버렸을 것이다.

　인내를 갖고 다양한 학생들의 요구를 들어주고, 수행할 수 있도록 노력하니, 학생들도 불교의 가르침은 지도자를 위한 것이 아니라 배우고자 하는 자를 위한 것임을 차츰 알게 되었다. 불교 포교에 노력을 기울이는 대신 이들이 스스로 원하는 것을 선택할 수 있도록 두면, 이들의 신심도 더욱 깊어진다. 이렇게 불교는 저절로 스스로 널리 퍼져 나가게 되었다.(2020. 1)

한국의 수행자들, 미국에서
위앙종의 대승 수행법에 따라 용맹정진하다

지난 2018년과 2019년 영화 스님이 제
자들과 함께 한국을 방문하여 중국 정통 위앙종의 가풍과 수행법을
소개하고, 아미타불 수행법인 불칠과 참선 수행법인 선칠을 함께 하
셨다. 그 후 많은 한국인 수행자가 미국 위산사로 모이기 시작했다.

그동안 수행에 목말랐던 한국인 수행자들이 영화 스님과 인연이 되
어 미국 위산사를 찾아온 것이다. 영어도 모르고 미국은 난생처음인
분들도 있는데, 이런 분들을 보니 존경심이 생겼다. 수행을 위해 이 먼
곳까지 큰 용기를 갖고 오셨으니 말이다. 이분들 중에는 한국 조계종
비구, 비구니 스님 총 7분과 일반인 수행자 10여 명이 포함되었다. 이
제 미국 현지에 거주하며 위산사에서 수행하는 한국인을 포함하면 올
겨울에 함께하는 한국인만 20명이 넘는다. 게다가 미국인, 중국인, 베
트남인, 유럽인, 중남미인, 인도인 등 민족 배경이 다양한 사람들도 수
행하기 위해 위산사로 모이고 있다. 아직 불상도 제대로 모시지 못하

고 현판도 없는 위산사는 이미 앉을 자리가 없을 지경이다.

중국 정통 불교에서 전해진 정토 법문인 불칠은 새벽 4시 능엄주를 포함한 아침 예불로 시작하여 하루 종일 아미타경, 아미타불을 염불하는 수행이다. 이 방식은 옛 정토 불교 조사들이 디자인해놓은 시스템이며, 염불 삼매에 들어가거나 선정의 힘을 키울 수 있는 최고의 방법이다. 선칠禪七은 새벽 3시부터 밤 12시까지 1시간 좌선과 20분 걷기를 반복한다. 불칠과 선칠 기간 동안 법주法主이신 영화 스님은 매일 저녁 법문을 하면서, 수행에서 발생하는 여러 문제와 궁금증에 대답을 해주고, 참석한 수행자들로 하여금 점검받을 수 있는 기회를 주신다.

세계 각국에서 모여든 수행자들은 좋은 휴양지로 휴가를 가는 대신 수행이라는 한 가지 목적으로 휴일을 사용하여 며칠씩, 몇 주씩 또는 한 달 이상 위산사에 머무르기를 선택한다.

예를 들어 한국 성륜사에서 있었던 불칠과 선칠에 참여했던 분은 중풍으로 반신의 감각이 정상적이지 못하였는데, 성륜사에서 함께한 일주일의 정진으로 감각이 거의 정상으로 돌아왔다. 이후 매일 집에서 아침마다 결가부좌와 능엄신주, 약사신주로 수행했으며, 더욱 열심히 정진하여 수행의 결실을 맺고자 미국까지 찾아왔다.

노스캐롤라이나주에 거주하는 흑인계 미국인 론은 우연히 영화 스님이 쓴 『참선 지침서』를 읽고, 5시간 동안 비행기를 타고 와서 위산사를 방문했다. 이후 영화 스님의 유튜브 법문을 계속 들으면서, 참선과 정토를 모두 수행해보고자 선칠과 불칠에 참여하게 되었다.

위산사 공양간 한구석에 책상 두 개를 붙여서 준비해놓은 다실에는 한국인, 중국인, 미국인, 유럽인, 베트남인, 멕시코인이 모두 둘러앉아, 한국인 스님이 마련해 온 쑥차를 마시며 수행에 대한 이야기를 나눈다. 이 자리에는 출가 법랍 30년 이상이 된 전문 수행자인 한국인 스님부터 몇 달 전 우연한 기회로 불교를 알게 된 미국인까지 정말 천차만별의 사람들이 함께한다.

진정 불교의 가르침은 무량무변하여 국경, 시간, 언어의 장벽을 모두 넘어, 수행하고 싶어 하는 사람부터 그냥 호기심에 방문한 사람들까지 모두 포용할 수 있는 것이다. 그래서 불교는 종교임에도 이를 넘어 모두의 마음을 잇고 통하게 하는 아름다운 정신이다. 우리는 이렇게 먼 미국 땅에서 미국 불교, 중국 불교, 베트남 불교, 한국 불교를 다 함께 대승의 정신으로 꽃피운다.(2019.11)

미국에서 열린 '꼬마 명상' 겨울 캠프

지난 1월에 LA 고려사에서 꼬마 명상 캠프를 지도했다. 처음 초대를 받았을 때 위산사에서 매주 어린이 참선 교실을 운영하고 있는 현인 스님(베트남계 미국인으로, 영화 스님을 만나서 출가했다)에게 도움을 받으면 될 것이라 생각했다. 솔직히 나는 예전부터 어린이들과 시간을 보낼 수 있었던 기회가 거의 없었고, 시끄럽고 귀찮아서 별로 좋아하지 않았기 때문이다. 그래서 어떻게 지도하면 좋을지 전혀 감이 없었다. 하지만 꼬마 명상 캠프를 통해 아이들을 상대로 참선을 지도해보니, 어른과 아이를 구별짓는 내 마음을 알아차리고 아이들을 있는 그대로 보니, 아이들의 참선을 지도하는 것도 어른과 다르지 않다는 것을 알게 되었다.

미국 위산사는 어린아이들이 많이 온다. 이 아이들은 참선하고, 법문도 심각하게 듣고 질문도 한다. 처음 수행을 시작한 후 몇 년 동안은 아이들이 시끄럽게 하니 귀찮기만 하고, 수행에 방해된다는 생각도 들었다. 하지만 시간이 지나면서 어린아이들도 겉으로는 그렇게 보이지 않아도 수행을 통해 계속 좋은 방향으로 변해가는 모습을 보았다.

아이들이 직접 수행을 경험하고, 수행하는 사람들과 함께 시간을 보내며, 이해하든 못 하든 불법佛法에 노출되는 것은 앞으로 불교를 이끌어갈 다음 세대를 키우는 중요한 일이다. 특히 미국의 불교 역사는 매우 짧기 때문에 이 아이들의 마음속에 남는 수행과 불교에 대한 경험과 이해가 곧 미국 대승불교가 될 것이다.

어느 날 영화 스님께 여쭤봤다.

"한인타운에 계신 분이 저에게 어린이 명상반을 지도해달라고 하셨어요. 현인 스님하고 같이 가서 하면 어떨까요? 저는 아직 경험이 없는데, 아이들이 30명도 넘는다고 하던데요. 누가 같이 가서 하면 좋지 않을까요?" 영화 스님은 "그냥 혼자 해라"라고 하셨다. 그래서 한 번 더 "현인 스님이 경험도 많고, 전 애들 어떻게 대해야 하는지 잘 모르는데…"라고 말씀드렸지만, 스님은 다시 "너 혼자 할 수 있다"라고 말씀하셨다.

순간적으로 30명도 넘는 어린아이들을 데리고 수업을 할 수 있을지 우려되었다. 하지만 스승님이 하신 말씀이니, 내가 나를 못 믿더라도 스승님이 된다면 될 것이라 생각했다.

어린이 명상 캠프가 열린 1월 18일은 위산사에서 7주의 선칠을 마치고 회향하는 날이었다. 꼬마 명상 캠프가 열리는 날까지 매일 법문을 통역하고, 단식하는 분들을 확인해보고, 절을 위해 해야 할 일이 많아서, 어떻게 어린이들에게 참선을 소개하면 좋을지 생각해볼 겨를이 없었다.

LA 고려사에 도착해보니 아이들이 종이컵에 연등을 만들고 있었다. 3살부터 15살까지 아이들 나이도 다양했다. 연등 만들기를 마친 아이들을 다행히 프로그램 진행자가 법당에 집합시켜주었다. 아이들에게 결가부좌 자세를 알려줬는데, 신기하게 대부분 아이들이 해보고 싶어 했고, 적극적으로 따라 했다. 결가부좌로만 조용히 앉으라고 하면 아이들이 힘들어할 것 같아서 아미타불 염불을 함께 하며 목탁도 쳐보도록 했다. 목탁을 다음 사람에게 넘기면서 계속 염불을 해보고, 마지막에는 묵염, 즉 조용히 참선을 하였다. 그중 몇몇 아이들은 결가부좌를 계속 풀지 않고 앉았다.

참선이 끝난 후에 아이들은 스님 그리기 대회를 했고, 모든 행사가 끝날 즈음 나에게 여러 아이가 와서 질문을 했다. 아이들은 너무 어려서 잘 이해하지 못할 것이라 생각했던 것은 나만의 착각이었다. 아이들의 질문은 매우 날카롭고 예리했다.

그중 몇 명의 아이들은 참선에 잘 집중하고 결가부좌로 잘 앉을 수 있었다. 그중 한 남자아이에게 가서 물었다. 그 아이는 아직 3살이나 4살 정도밖에 되지 않았는데 30분 이상 결가부좌로 앉아서 눈을 지그시 감고 있었다.

"이렇게 앉으니까 어떠니?"

이 아이는 몇 초간 깊이 생각해보더니 나를 쳐다보고 대답했다.

"좋아요."

"그래? 어떻게 좋은데?"

아이는 다시 차분히 생각해보더니 답했다.

"아주 많이 좋아요."

어떤 여자아이는 6~8살 정도 되어 보였는데, 수줍음이 많고 처음엔 자꾸 피하려고 했다. 그런데 결가부좌를 매우 적극적으로 따라 했다. 명상 캠프가 끝날 무렵 나에게 와서 이렇게 앉으면 왜 좋은 것인지 물었다. 처음에는 관심이 없는 줄 알았는데, 많은 관심을 보였다. 나중에 알았는데, 집에서도 계속 앉으려 하고, 엄마에게도 해보라 그랬다고 한다.

어른들은 염불을 해보라고 권하면 "종교적인 것은 별로예요" 또는 "염불은 좀 식상하지 않나요?", "화두는 안 하세요?"라고 하는 등 생각에 분별과 시비가 많다. 순수한 아이들은 배운 대로 그냥 따라 한다. 이런 순수한 마음이 참선의 좋은 경험을 알아차릴 수 있도록 도와준다. 지도하는 선생님이 어른이나 아이를 구분하지 않고 그들의 말에 귀를 기울여 정체된 부분을 알아차리고 나아가도록 도와주면, 앞으로 원하는 것을 얻을 수 있도록 해줄 수 있을 것이다.

아이들에게 수행을 통한 안락을 한 번이라도 경험하게 한다면, 앞으로 어려움과 역경을 겪을 때에도 그 일을 기억하고, 현명한 방법으로 대처할 수 있는 기회가 생길 것이다. 우리는 인생을 살면서 장애들에 부딪혔을 때 극복하지 못하고 좌절하는 경우가 많다. 하지만 어릴 때부터 수행으로 몸과 마음을 수련하여 선정의 힘을 키우면 장애를 넘어서 더욱 강하고 지혜로운 사람이 될 수 있다.(2020. 2)

불법은 유연하다

출가 전 나는 예불을 매우 싫어했다. 그 뿐만 아니라 과학적인 것을 매우 좋아하는 무신론자였으며, 어릴 때 종교적인 사람들을 보면 '왜 저 사람들은 열심히 성공하는 데 힘을 쓰지 않고 저렇게 살지?'라고 생각했고, 종교적인 색채가 강한 사람들은 되도록 피하고 싶었다.

인생이 뭔가 허전하다는 느낌과 여러 다른 이유 때문에 명상만 배우고 싶었는데, 그 인연으로 영화 스님을 만나서 참선을 배우게 되었다. 불교를 공부하고 싶었거나, 남들이 말하는 불교에 대한 신심이 있었던 것은 아니었다. 그런데 참선을 하면서 자연스럽게 마음의 문이 열려서 결국 불교에 귀의하게 되었고, 심지어 출가까지 했다. 그런데 삭발하고 출가했다고 해서 자동으로 예불이 좋아지지는 않았다. 출가한 후인 최근까지도 나는 예불이 너무 종교적이고 지루하다고 느꼈다.

부끄럽게도 출가한 후에도 처음에는 여러 가지 핑계로 예불에 많이 빠졌다. 그런데도 불구하고 아무도 나에게 빠지지 말라고 강력하게 강요하지 않았다. 어느 날 영화 스님은 한국에서 오신 스님들에게 "아무리 일이 바빠도 되도록이면 예불을 꼭 해야 한다"라고 이야기해주셨다. 그때 내가 통역을 했다. 그러자 예전부터 영화 스님이 나에게 해주신 말씀들이 기억나기 시작했다. 내 마음속에서는 끊임없이 하기 싫다고 불평하는 소리가 있었지만, 나름대로 열심히 예불에 참여하기 시작했다.

미국 위산사와 노산사에서 매일 새벽 4시 새벽 예불을 하는데 능엄주, 대비주, 즉 신묘장구대다라니, 십소주(10개의 짧은 신주), 반야심경, 약사불 염불이 포함되어 있다. 그리고 마지막에 앉아서 약사주藥師呪를 외우고, 이어서 원하는 만큼 참선할 수 있다. 이렇게 새벽 예불을 2시간 정도 한다. 그리고 점심 공양 후 12시 45분부터 대비참, 즉 천수천안 관세음 참회 예불을 2시간 한다. 저녁 예불도 2시간 소요되는데, 홀수일은 아미타경, 그리고 짝수일은 팔십팔불참회로 시작하여, 몽산시식의, 아미타불 염불, 반야심경, 왕생주, 정토문을 염송하고, 능엄주 중 오대심주를 외우고, 그 후 앉아서 약사신주를 한다.

출가 후에도 예불을 할 때마다 마음속에서는 너무 종교적인 것 같다며 계속 불평하는 소리가 끊어지지 않았다. 그러니 많은 예불에 다 참여한다는 것이 쉬운 일은 아니었다. 특히 위산사에서 하는 예불은 평일에 하루 평균 6시간이고, 토요일과 일요일에는 여기에 법문, 특별 법회, 예불이 더 있다. 이렇게 예불 시간이 워낙 길다 보니 졸지 않고 잘하려면 고도의 집중이 요구된다. 처음에 예불에 참여하려니 몸과 마음이 다 괴로웠는데, 계속 하다 보니 올라오는 많은 생각을 떨어뜨려야 했다. 예를 들면 마음속에 올라오는 많은 생각, 즉 '아, 너무 피곤해. 방에서 누워서 좀 쉬면 좋겠다', '오 마이 갓, 진짜 길다. 아직도 이 예불은 반도 안 끝났네', '너무 힘들다', '이런 거 해서 무슨 소용이야' 등등의 생각들을 무시해야 했다. 그냥 원한다고 예불 중간에 나갈 수는 없었으니 말이다. 그렇게 매일매일 하다 보니 점점 이런 생각들이 줄어들기 시작했다. 번뇌가 일어나도 너무 바빠서 번뇌와 망상이 이어질 틈이 없었다.

예전 한국의 전통적 사찰의 모습이 이와 비슷했다고 한다. 사실 우리가 이런 전통을 보존하면서 선정의 힘을 계발할 수 있도록 지도자가 이끌어준다면, 뛰어난 수행자들을 키워낼 수 있다는 생각이 든다. 반대로 이런 고된 생활에 선정의 힘과 불법이 잘 어우러지지 못한다면 요즘 젊은 사람들은 이런 생활을 견디기 어려워할 것이다.

개인적으로 참선을 더 좋아하고 예불이나 염불은 별로 하지 않았는데, 이런 생활을 하다 보니 배운 것이 있다. 참선, 예불, 염불, 신주 수행 모두 동일하게 유익한데, 내 마음이 이들을 분별하고 있어서 나도 모르게 예불이나 염불을 차별하고 있었던 것이다.

예전에 한국에서는 사람들이 절에서 지내려면 당연히 예불에 참여해야 한다고 했다. 만약 내가 처음 참선을 배우기 시작할 때, 예불을 하라고 강요받았다면 계속 수행하기 어려웠을 것이다.

나이 많은 한국인 불자를 지도한 적이 있는데, 이분은 결가부좌할 때 느끼는 다리 저림과 아픔에 대한 공포심과 불안감이 심해서 나무 아미타불 염불부터 하도록 했다. 그분에게 참선을 먼저 강요했다면 역시 계속 수행하기 어려웠을 것이다.

참선이 아닌 다른 방법으로도 내 내면에서 일어나는 마음의 요동을 볼 수 있게 되면서, 다른 이들을 지도할 때도 조금 더 다양한 방법으로 접근할 수 있게 되었다. 결가부좌를 어려워하고 불교를 좋아하는 사람의 경우는 염불이나 예불로 수행을 시작하도록 독려해주는 경우가 있다. 불면증, 우울증 등으로 머리가 복잡하여 매일 스스로 앉아 참선하기 어려운 경우는 신묘장구대다라니나 능엄주 오대심주와 같은 신주 수행을 하도록 지도하기도 한다.

서양 문화권의 젊은이들은 먼저 참선부터 지도하면 더 잘 받아들인다. 또한 천주교 신자들이 참선을 배우고자 찾아오면 성모 마리아의 이름으로 염불할 수 있도록 가르쳐준다.

이런 경험들을 통해 수행 지도자가 먼저 팔만사천 가지 법문에 대한 분별심을 줄여야 더욱 다양한 사람들을 지도해줄 수 있다는 것도 배웠다. 훌륭한 수행법도 당사자에게 아무런 도움이 되지 못한다면 최상의 방법은 아닐 것이다. 예전에 선사님이 말씀하시길 아무리 좋은 법문도 듣는 제자가 이해하지 못하면 아무것도 아니고, 사소한 한마디라도 제자에게 적합하고 그것으로 수행에 도움이 되어야 한다고 하셨다. 그러니 수행법 자체에 높고 낮음이 있는 것이 아니라 단지 수행자가 처한 상황과 조건에 따라 가장 적합한 방법을 주고, 수행할 수 있도록 하는 것이 최상인 것이다.

영화 스님은 "The Dharma is flexible", 즉 불법은 유연하다 또는

불법은 융통성이 있다고 말씀해주셨다. 예전에 이 말씀을 해주셨을 때 그냥 그런가 보다 했는데, 이렇게 학생들에게 여러 방법으로 접근하고 적용하니 그 의미를 조금 더 이해하게 된 것 같다. 그러니 지금 하고 있는 수행법으로 오랫동안 변화 없이, 정체하여 머무르고 있다면 돌파구를 제시해주실 수 있는 선지식을 찾아보길 권한다. 깨달음에 이르게 하는 어떤 수행법이든 선禪 아닌 것이 없고 높낮이도 없기 때문이다.(2020. 3)

불칠佛七과 선칠禪七

부처님이 살아계실 때 팔만사천 법문八萬四千法門을 통해 다양한 중생을 지도하고, 깨달음의 길로 이끌었다고 한다. 법문이란 중생이 불법으로 들어가는 문, 즉 중생으로 하여금 생사生死의 고통에서 벗어나 해탈로 가게 하는 문을 뜻한다. 그래서 한자를 보면 법法 자(부처님의 가르침)와 문門 자(열고 드나드는 문)를 쓴다.

그중 불칠 법문과 선칠 법문은 중국 정통 불교에서 전해지는 여러 법문 중 그 정수이다. 이 2가지 수행법은 옛 조사 스님들이 빠른 속도로 진보할 수 있도록 특별히 디자인해놓은 훌륭한 시스템이며, 소위 부처님이 선택되는 곳이라고도 불릴 정도이다.

불칠 법문은 새벽 4시에 능엄 신주로 시작해서 아침 예불, 아미타경 독경, 아미타 찬양, 그리고 '나무 아미타불' 염불을 온종일 걸으면서, 앉아서, 소리를 내서, 조용히 마음속으로 반복하는 수행법이다.

선칠 법문은 새벽 3시부터 1시간 좌선, 20분 걷기를 반복하는 용맹스러운 정진법이다. 특히 불칠과 선칠 기간 동안에는 불칠과 선칠을 주최하는 법주法主(Dharma Host) 스님이 매일 저녁 설법을 하시는데, 이 시간은 온종일 겪은 어려움이나 문제에 관해 질문할 수 있고, 수행을 점검받을 좋은 기회가 된다.

미국 캘리포니아 LA의 노산사와 위산사에서는 지난 15년 동안 영화 스님의 지도 아래서 불칠과 선칠을 매년 여름과 겨울 두 차례 열어 왔다. 이 기간에는 스님들과 일반인들을 포함한 모든 대중이 함께 수행 생활을 하며, 진정으로 수행하고자 하는 분들을 위하여 무료로 운영한다. 때에 따라서 먼 곳에서 오는 분들에게는 숙식을 제공하기도 한다. 우리의 불칠과 선칠은 각 개인의 스케줄에 따라 자유롭게 참여할 수 있어서, 직장이나 가정이 있는 경우 시간이 날 때마다 와서 참석하거나 퇴근 후 법문만 듣고 가는 분도 있고, 수일 또는 일주일 이상 집중적으로 수행하기 위하여 오는 분도 있다. 그리고 때에 따라서 전체 스케줄인 1개월 또는 2개월 내내 밖으로 나가지 않고 사찰 안에서만 수행에 전념하는 분들도 있다. (2019.11)

탈종교 시대를 맞아서

요즘 젊은 사람들은 교회나 사찰을 찾는 대신 요가, 명상, 마인드풀니스, 호흡법 등과 같은 비종교적인 방법을 선호하는 경향이 있다. 교회나 사찰, 성당과 같은 전통적인 종교 시설에 가면 뭔가 틀에 박혀서 해야 한다는 압박감과 많은 규칙을 지켜야 한다는 부담감이 있다. 게다가 나이 많은 어르신들이 계시는 곳에서 무슨 실수라도 저지를까 조심스럽다.

젊은이들은 이미 외부 세상에서 오는 스트레스와 압박으로 여유 없이 살아가고 있다. 과거 어느 때보다도 영적 그리고 정신적인 수련을 갈구하지만, 종교 시설에서 더 많은 스트레스를 얻고 싶어 하지 않는다.

나 역시 그런 젊은이 중 하나였다. 하지만 그럼에도 불구하고 여러 마음의 문제를 해결하기 위해 먼저 선택한 곳이 절이었다. 고등학교 때부터 시간적인 여유가 있을 때, 마음속의 압력을 줄이기 위해 가끔 절을 찾아갔다. 하지만 내가 거기서 가장 먼저 들은 것은 '절에서는 양

말을 신어야 한다. 절에 가면 먼저 삼배부터 해야 한다. 공양간에서 큰 소리를 내면 안 된다' 등의 규칙들이었다. 마음속은 이미 괴로움으로 가득한데 마음의 평화를 얻기 위해 찾은 절에서 마음은 편하지 못했다.

나는 종교에 관심이 없었고, 예불이나 염불도 하고 싶은 마음이 전혀 없었다. 그냥 명상을 배우고 싶었고, 명상을 배운다면 반드시 불교적인 명상을 배워야 할 것 같았다. 별 큰 이유 없이 불교가 아닌 명상을 배우면 위험할 것 같고, 좋지 않을 것 같았다. 그래서 기회가 있으면 간혹 절을 찾아보고 방문해봤다.

절에서 제일 먼저 겪는 것은 이것은 해야 하고, 저것은 하지 말아야 한다는 규칙들이었는데, 사찰의 예법을 전혀 모르고, 모든 것이 낯선 곳에서, 내가 하는 행동과 말이 아직 알지 못하는 예법에 어긋나는 것은 아닌지 걱정스러웠다. 이미 마음은 충분하게 괴로운데, 규칙을 따르려고 하니 쉽지 않았다.

한국 사람들은 아무런 지적을 받지 않아도 이미 실수하지는 않았는지, 예법에 어긋나지는 않았는지, 뭘 잘못한 건 아닌지 스스로 염려하는 경향이 있다. 아무런 지적을 하지 않아도 이미 이렇게 번뇌와 망상이 일어나는데, 더 많은 번뇌를 줄 필요는 없는 것이다.

사람들이 바른 수행법으로 마음이 편안해지면 자연히 다른 이를 더 배려하게 되고, 스스로 먼저 뭘 해야 할지, 무엇이 바른지 물어 올 것이다.

영화 스님은 제자들에게 사람들이 절에서 잘못을 저지르거나 실수하여도 먼저 지적하거나 고치려 하지 말라고 말씀하셨다. 그들이 먼저 묻거나 조언을 구하기 전까지 가르치려들거나 그들의 문제를 말하지 말라고 하셨다. 사람들이 절에 오면 하던 일이 있더라도 잠시 미루고, 그들에게 필요한 것이 있는지, 도움이 필요한지 살펴보고 도와주라고 하셨다.

나는 출가 전 사업으로 정신없이 바쁠 때도 노산사에서 점심을 먹으려 애를 썼다. 미국 노산사와 위산사의 점심시간은 오전 11시인데, 보통 업무가 가장 바쁠 때다. 아침 8시부터 이메일 확인하고, 직원들과 회의하고, 중요한 전화나 이메일 몇 통만 해도 시간이 매우 촉박했다. 그리고 점심시간에 늦지 않으려고 헐레벌떡 절로 달려갔다. 식사를 마치고 영화 스님이 해주시는 말씀을 듣다 보면 1시가 넘고, 이야기가 좀 길어지기라도 하면 2시가 될 때도 있었다. 점심시간 후 오후 3시나 4시까지는 일자리로 돌아가야 그날의 업무를 보고받고, 직원들에게 다른 지시들을 할 수 있는 등 남은 업무를 마칠 수 있었다. 그러다 보니 점심 식사 준비를 돕거나 치우는 데까지 동참하기가 매우 어려웠다.

영화 스님의 제자 스님들은 내가 거들지 않는다고 단 한 번도 불평하지 않았다. 오히려 남은 음식을 싸주고, 열심히 영화 스님으로부터 배우고자 노력하는 나에게 따뜻하게 해줬다. 노산사 스님들은 5~6시간 예불하고, 직접 요리하고 청소하고, 모든 절의 일을 다 하면서도, 부엌 일을 돕지 않는 나를 미워하거나 원망하지 않았다.

영화 스님의 출가한 제자들은 여러 나라와 도시에서 찾아오는 수행자들에게 잠잘 공간과 음식을 제공하기 위해 자신의 수행 시간을 희생하고 온종일 리모델링, 청소, 요리, 잠자리 준비 등으로 쉴 틈 없이 일했다.

지금과 같은 탈종교 시대에 승가는 당연히 존경을 받아야 할 대상이고, 사람들이 절에 와서 음식을 차리고, 공양을 올리고, 시중을 들어주고, 봉사해줄 것이라는 생각은 버려야 할 것이다. 그 대신 수행의 힘을 얻어서, 사람들이 가져오는 문제에 대해 지혜로운 답을 찾아주고, 이들을 수행의 길로 이끌어줘야 할 것이다.(2020.8)

코로나19 바이러스보다
더 무서운 사람 마음

출가한 후 나의 일과는 거의 항상 일정했다. 그래서인지 처음 코로나19 바이러스에 대한 뉴스가 나왔을 때 실감하기 어려웠다. 출가자들은 오락적인 활동은 하지 않는 것이 원칙이기 때문에 텔레비전이나 유튜브도 거의 보지 않고 뉴스도 읽지 않았다. 단지 원래 정해진 스케줄에 따라 새벽 4시부터 아침 예불과 만트라, 참선, 그리고 간단한 아침 공양 후 전체 대중 점심 식사 준비를 한다. 그런 후 천수천안 대비참이라는 참회 예불을 하고, 청소, 개인 수행 등의 일과를 한다. 그런 후 저녁 예불까지 마치면 하루가 금방 지나간다.

이런 단순하고 반복적인 일상 때문에 코로나19 바이러스 문제가 심각해진다는 소식은 사람들을 통해서 전해 듣기만 했을 뿐, 나의 개인적 일상에는 아무런 변화가 없었다. 일주일에 두 번씩 주민센터에 나가서 참선 교실을 했는데, 어느 날 가보니 미국 정부의 외부 출입 금지

명령 때문에 당분간 모든 주민센터의 수업이 취소되었다는 소식을 들었다.

　미국 정부에서 발표한 명령에 따라 위산사도 대중을 위한 법회를 모두 취소해야 했다. 코로나19 바이러스가 미국 내에서도 급속도로 번지기 시작했다. 사람들은 공포에 질려 갑자기 식료품과 생활용품을 사들이기 시작했다. 미국 정부가 발표하는 내용이 매일 변하기 시작하면서 불안해진 사람들은 더욱더 많은 생필품을 사들이기 시작했다. 언제 어떻게 될지 모른다는 공포감이 퍼지기 시작했고, 심지어는 총포점 앞에 줄을 서서 총과 같은 무기들을 사들이기 시작했다.

　최근 뉴스를 보니 미국이나 유럽에서 동양인 혐오증 현상이 있는데, 동양인처럼 보이면 누구든 상관없이 신체적으로 공격을 가한다든지, 욕을 하거나 침을 뱉는 일들이 벌어지고 있다. 코로나19 바이러스로 인한 불신, 공포, 불안이 급속도로 번지기 시작했고, 불과 몇 달 만에 세상이 완전히 변해버렸다. 사람들의 마음이 날카로워지면서 식료품점에서 서로 먼저 사겠다고 싸우기도 하고, 나쁜 일이 생기면 너도 나도 다른 사람 탓으로 돌리면서 화를 낸다. 요즘 같은 때 외출을 해야 한다면 바이러스 감염보다 화난 사람들이 더욱 우려된다.

　미국 질병관리본부, 국립보건원, 미국 불안 및 우울증 협회, 여러 심리학자, 정신질환 전문가들, 그리고 여러 언론사도 코로나 공포증으로 인한 불안증과 우울증에 어떻게 대처하면 좋을지에 대한 글과 영상들을 게재하기 시작했다. 코로나19 바이러스에 감염되어 고통받는 사람의 숫자보다 '혹시 나도 걸릴 수 있지 않을까'라는 불확실성과 갑작스러운 '록다운(lockdown)'으로 인한 경제적인 압박감, '너 때문에 나도 걸릴 수 있어'라는 배타와 증오심과 같은 정신적인 고통을 받는 사람의 숫자가 보이지 않는 곳에서 더욱 무섭게 번지고 있을 것이다.

우리 마음속에 스트레스, 화, 미움 등의 부정적인 에너지가 올라오기 시작하면 이로 인해 내면에 압력이 생긴다. 이런 압력이 생겼을 때 해소할 수 없으면 더 강렬해지다가 마침내 폭발하게 된다. 우리 모두 이런 경험을 해봐서 알 수 있을 것이다. 그러니 우리는 본능적으로 이런 폭발을 막기 위해 여러 가지 취미 활동을 통해 부정적인 에너지를 표출하고 생활의 밸런스를 맞추려고 한다.

특히 요즘처럼 코로나19 바이러스 사태로 인해 스트레스가 극심한 환경 속에 있는 우리는 어떻게 하면 좋을까? 부정적인 에너지를 방출할 수 있는 취미 생활도 할 수 없는 상황에서 우리의 정신 건강은 매우 큰 영향을 받을 수 있다. 이런 극심한 스트레스의 압력과 부정적인 에너지를 해소하는 데 가장 좋은 방법 중 하나가 수행이다. 취미 활동이 스트레스를 밖으로 방출하는 것과 달리, 수행을 하면 우리의 부정적인 에너지를 내면에서 녹일 수 있다.

요즘처럼 고립된 상황에서는 부정적인 감정과 생각이 더 빠른 속도로 번질 수 있다. 무서움과 불안감이 커질수록 마음속의 탐진치는 정당하게 느껴지고, 마치 독이 퍼지듯이 많은 사람의 마음에 퍼져나간다. 그렇기 때문에 이런 코로나 시대에 여러분 모두에게 참선을 해보라 권하고 싶다.

먼저 결가부좌 자세로 앉아보자. 아프고 불편하더라도 참선의 자세로 결가부좌가 가장 좋다. 일단 왼발을 먼저 오른쪽 허벅지 위에 놓고, 그다음 오른발로 왼쪽 허벅지를 덮는다. 아예 결가부좌로 하는 것이 불가능하다면 반가부좌로 시작해도 된다. 하지만 누구든 노력만 하면 결가부좌로 앉을 수 있다. 눈을 감고, 혀를 입천장에 살짝 붙인다. 그리고 마음은 배꼽 뒤에 있는 단전에 둔다. 요즘과 같이 재앙이 많을 때는 우리에게 잘 알려진 "나무 관세음보살" 대신 "나무 소재 연수 약사불", 즉 재앙을 없애주고, 수명을 연장하는 약사부처님께 귀의합니다, 라고 염불하길 권한다. 염불은 소리를 내서 해도 좋고, 조용히 묵념해도 된다.

코로나19 바이러스를 퇴치하기 위해 조계종이 전국 사찰에서 1백일간 『약사경』 외우기를 제안했다는 기사를 읽었다. 그러니 이 글을 읽은 여러분도 약사부처님의 명호를 외우는 염불법을 해보시길 바란다. 결가부좌 수행으로 몸과 마음의 상태를 최적화하고, 약사여래불 염불법으로 앞으로 닥칠 수 있는 위험도 줄일 수 있길 바란다.(2020. 3)

코로나19 자가 격리자를 위한 조언

며칠 전 한국에 꼭 입국해야 할 일이 생겨서 귀국하게 되었다. 자가 격리를 기대했으나, 미국 시민권자라는 이유로 시설 격리자로 분리되어 현재 격리되어 있는 상태다. 직접 이런 상황을 겪어보니 수행을 접하지 못한 사람들이 좁은 공간에서 14일을 보내려면 많이 힘들겠다는 생각이 들었다.

바깥에 출입하지 못하고 사람과 만나지도 못하는 이런 상태에서 14일을 보낸다는 것은 결코 쉬운 일이 아닐 것이다. 특히 혼자 지내는 것이 익숙하지 않은 분들에게는 더욱 힘든 일일 것이다. 홀로 많은 시간을 보내야 하니 걱정과 불안한 마음이 시작되면 걷잡을 수 없이 커질 수도 있다.

이럴 때일수록 우리의 집중을 내면으로 돌려 명상을 시작하면, 인생에서 가장 어렵고 불편한 경험이 될 수 있는 14일간의 격리가 마음을 편하게 하는 좋은 기회가 될 수 있다. 뿐만 아니라 다음에 소개하는 참선법을 따라 매일 열심히 하면 14일의 격리가 인생에서 가장 중요하고 긍정적인 시간이 될 것이다.

코로나 시대에는 격리 대상자가 아니더라도 할 수 있는 활동에 많은 제한이 있다. 이럴 때 답답한 마음으로 괴로워하기보다는 이런 상황을 이용하여 내면을 들여다볼 수 있는 참선을 해보자. 어려운 상황 때문에 우리가 바뀌는 것이 아니라, 어려운 상황을 우리의 마음으로 바꾸는 것이다.

① 참선은 매일 하는 것이 가장 중요하다. 지금처럼 활동에 제한이 있을 때 몸과 마음을 위해서 노력과 시간을 투자해보자. 가장 이상적인 것은 하루 1시간 참선하는 것인데, 나누어서 하는 것보다 한 번 앉았을 때 다리를 풀지 않고 하는 것이 제일 좋다. 이것이 너무 어려우면 최소 15분부터 도전해보자. 그리고 매일 시간을 조금씩 늘려보자.

② 가장 먼저 배워야 하는 것은 바르게 앉는 자세다. 명상의 가장 좋은 자세는 결가부좌다. 왼발을 먼저 오른쪽 허벅지 위에 올려놓는데, 이때 오른발은 앞으로 좀 빼놓는다. 그리고 오른발을 왼쪽 허벅지 위로 덮는다. 결가부좌가 불가능하다면 반가부좌로 시작할 수 있다. 반가부좌는 왼발을 오른쪽 허벅지 위에 놓고 앉는 자세다. 발 방향은 바꾸지 않는다.

③ 본인의 자세가 맞는지 틀리는지 걱정이 되는가? 그런 걱정이 있다면 버리자. 일단 시작이 반이다. 가장 중요한 것은 중간에 그만두지

않고 정한 시간 동안 계속하는 것이다. 만약 앉은 자세에서 30분이나 1시간도 충분히 할 수 있다면, 매일 그 시간만큼 하면서 시간을 조금씩 늘려보자. 몸이 유연하지 않아 다리가 너무 아파서 15분 이상은 절대 어렵다고 판단되면, 15분으로 시작해서 조금씩 시간을 늘려보자.

④ 앉은 자세에서 무릎이 살짝 뜨거나 허리가 완전히 곧지 않아도 괜찮다. 더 오래 계속 앉으면 저절로 자세는 바로잡힌다.

⑤ 마음은 단전에 모은다. 잡생각이 올라오는 것을 알아차릴 때마다 마음을 다시 단전으로 가져다 놓는다. 단전은 배꼽 주변에 있는데, 고정된 자리로 생각하지 말고 그냥 배꼽 속 정도로만 생각하면 된다.

⑥ 눈은 감아도 되고 뜨고 있어도 되지만, 외부에 보이는 것들이 방해가 된다면 감는다. 나는 개인적으로 감는 것을 좋아한다.

⑦ 왼손 위에 오른손을 놓고 엄지손가락끼리 닿게 하는 비로자나 수인을 한다. 결가부좌나 반가부좌 자세를 유지하는 것이 너무 힘들어서 손으로 다리를 잡아야 한다면, 그렇게 해도 좋다.

⑧ 혀는 입천장에 닿게 하여 가볍게 다물고, 코로 숨을 쉰다. 숨을 더 깊거나 천천히 하려고 노력하지 말고, 그냥 자연스럽게 둔다. 너무 아파서 입으로 크게 숨을 쉬어야 한다면 그렇게 해도 상관없다.

⑨ 가장 중요한 것은 앉아 있는 동안 생기는 몸과 마음의 변화에 상관없이 목표한 시간만큼 풀지 않는 것이다. 상황이 어렵다고 다리를 풀어버리면 어려운 상황을 나에게 긍정적으로 바꿀 수 있는 힘을 키울 수 없다.

⑩ 이제 몸의 자세는 되었다. 그럼 명상하는 시간 동안 마음은 어떻게 하면 될까? 참선하는 동안 생각을 모두 비워야 하냐고 묻는 사람들이 많다. 명상이나 참선을 시작하자마자 모든 생각을 비우는 것은 불가하다. 그렇기 때문에 먼저 마음을 한 가지에 몰입하는 단련부터 해야 하는데 그것이 바로 다양한 참선법이다. 이것이 화두일 수도, 염불 또는 만트라일 수도 있다. 여기서는 혼자 쉽게 따라 할 수 있는 염불법을 살펴보자.

⑪ 불교를 믿거나 좋아한다면 염불을 해보자. 코로나19 바이러스 때문에 상황이 좋은 않은 만큼 '나무 약사여래불'을 외우는 것을 권한다. 만약 아미타부처님이나 관세음보살을 염불하고 싶다면 그것도 좋다. 만약 개신교나 천주교를 믿는 분이라면 '예수님' 또는 '성모 마리아'의 이름을 외워도 좋다. 염불 외에 다른 생각이 올라올 때 그것을 알아차릴 수 있다면, 생각을 멈추고 다시 마음을 모아 염불에 집중한다. 그리고 반복적으로 계속 염불한다.

⑫ 앉는 자세 때문에 다리가 불편해도 괜찮다. 다리가 불편하다고 편하게 앉으면 집중력 향상에 한계가 있다. 일단 아파도 최선을 다해서 정해진 시간 동안 풀지 말자. 다리가 너무 아파서 집중이 안 되고 호흡이나 자세도 흐트러진다면 다 무시하고, 다리를 풀지 말자. 처음에는 어렵지만 이것이 기반이 되어 더욱 강력한 몰입을 이룰 수 있다.

⑬ 만약 너무 아파서 걱정이 된다면 네이버 카페나 이메일로 연락하길 바란다.

앞의 방법으로 명상을 매일 해보자. 스스로에게 도전을 해보자. 한 번도 명상이나 영적인 수련을 해보지 않았다면 매우 어렵게 느낄 수 있다. 어려움을 겪어야 발전이 있다. 그러니 포기하지 말고 매일 해보자.

가장 중요한 것은 마음속에 올라오는 생각을 무시하고 계속 앉는 것이다. '내가 뭐 하고 있지?', '시간이 다 되었나?', '쓸데없는 짓이군' 이런 생각들을 알아차렸다면, 이들을 모두 무시하자. 14일 동안 스스로에게 도전장을 내고, 매일 정해진 시간을 채워보자. 그리고 하루 2분씩 시간을 늘려보자. 한 번 실패했다고 다음 날 포기하지 말고 다음 날 다시 도전하자.

코로나 사태는 내면을 들여다볼 수 있는 좋은 기회이다. 앞의 방법대로 따라 하면 마음속에서 자라나는 불안감, 불편함, 화, 우울함 등을 알아차릴 수 있는 힘을 키울 수 있고, 선정이 생기면서 자연스럽게 이런 부정적인 기운들은 줄어들 것이다. (2020. 4)

미국 교회 리모델링한
위산사 (Wei Mountain Temple)

　　　　　　　최근 한국 수행자들로부터 관심을 받는 미국 캘리포니아 수행 공동체 위산사潙山寺를 소개한다. 위산사는 중국 위앙종 9대 조사인 선화 상인을 만나 출가한 영화 선사를 중심으로 그의 지도를 받으며 수행하다 출가한 10여 명의 스님들과 한국 스님 그리고 재가불자가 모인 공동체다. 수행자들의 인종과 문화 배경 등이 매우 다양하기 때문에 우리는 농담처럼 '국적이 불분명한 불교'라고도 한다.

　　나는 2012년부터 영화 스님의 유발 상좌로 있었기에 이곳의 이런 모습들을 당연하다 생각했다. 하지만 외부에서 오신 손님들은 이런 미국 도량을 매우 재미있어하신다.

　　위산사는 사실 1920년대에 설립된 교회 건물을 매입해 불교 사찰로 리모델링하고 있어서 겉으로 보면 교회처럼 보인다. 2017년 초에 시작된 리모델링은 아직도 진행 중이고, 건물 꼭대기에 있는 십자가도 철거하지 못했다. 건물 정면 유리창에는 예수님의 모습이 스테인드글라스로 아름답게 꾸며져 있다. 간혹 교회인 줄 알고 들어온 기독교인들이 우리와 대화하고 참선을 하고 가기도 한다.

위산사의 문을 열고 들어서면, 10여 명의 스님들이 새벽 4시부터 밤 늦게까지 분주히 움직인다. 매일 새벽 4시에 여러 스님과 일반 신도 몇 명이 신주의 왕으로 불리는 능엄신주로 하루를 시작한다. 아침 예불은 능엄주뿐만 아니라 한국인들이 좋아하는 신묘장구대다라니(대비주), 그 외에도 준제신주, 약사진언, 왕생신주, 반야심경 등을 하고, 마지막으로 위타찬(위타장군은 불법을 보호하는 호법신으로 한국에서 동진보살로 알려져 있다), 삼귀의, 그리고 조사 스님들에게 절을 하고 마친다.

위산사에 살고 있는 출가자 10여 명은 모두 영화 스님을 만나 수행하다가 출가한 분들이다. 스님들의 인종, 종교, 교육, 그리고 문화 배경도 다양하다. 영화 스님은 베트남에서 태어나 고등학교를 마치고 미국으로 유학 오셔서 수학을 전공하고 MBA를 받으셨다.

영화 스님의 첫 상좌로 출가한 현계 스님은 스위스계 백인인데, LA에서 태어났고 서양철학 석사 학위가 있다. 현계 스님은 대학교 입학 때부터 불교에 흥미를 느껴 일본 젠 센터에서 공부하다가 영화 스님을 만나 출가하게 되었다. 타이완에서 태어나 어릴 때 이민 온 현신 스님은 출가 전에는 엔지니어였다. 현인 스님은 베트남인으로 천주교 집안에서 성장했는데, 선화 상인의 법문집을 읽고 수행에 관심이 생겨서 영화 스님을 찾아왔다. 불교에 대해 전혀 아는 것이 없었는데, 영화 스님을 만난 후 몇 달 만에 바로 출가를 했다.

최근 출가한 현회 스님은 중국 상하이 태생으로 수년 전에 캐나다로 이민을 왔다. 선칠 수행 때마다 위산사에 와서 몇 달간 수행했는데, 2019년 1월에 동계 선칠을 마치고 출가를 결심했다.

위산사 승가 중 가장 막내인 나는 2012년 영화 스님을 만나 참선과 불교를 접하게 되었다. 지난 몇 년간 사업보다 수행과 대중을 위한 참선 지도의 중요성이 더욱 크다는 점을 느꼈으며, 위산사에서 출가식을 가졌다. 그렇기 때문에 한국인임에도 중국식 승복을 입는다.

위산사에 상주하고 계신 한국인 스님 두 분은 한국 승복과 가사를 입고, 그 외 모든 승가는 중국식 승복을 입고 생활하고 있다.

우리는 미국에서 중국 정통 위앙종의 9대 조사이셨던 선화 상인의 전통과 가풍을 따르고 있다. 영화 스님은 예전에 나에게 이렇게 말씀해주셨다.

"최고를 배우면 이를 완전히 통달하고, 더 잘할 때까지 바꿀 필요가 없다. 내가 본 것 중 선화 상인의 법이 최고였다. 그래서 우리는 선화 상인의 전통 그대로 예불을 한다."

지난 몇 년간 여러 한국 스님과 수행자가 노산사와 위산사에서 함께 수행했다. 한국의 불교가 강력하고 풍부한 역사를 지닌 이유는 수행자들이 열린 마음으로 좋은 것은 받아들이는 자세가 있기 때문일 것이다. 한국인들은 한국 불교에 대한 자긍심이 있으면서도, 좋은 수행처와 선지식이 있다면 어려움과 불편을 마다하지 않고 찾아간다. 스님뿐 아니라 일반인도 수행을 위해서라면 태국, 미얀마, 베트남, 타이완, 유럽 등으로 찾아간다. 그렇게 한국인 수행자들이 미국 위산사까지 찾아오게 된 것이다.

위산사는 대승 전통을 따라 오신채 없는 사찰식 채식을 하고, 승가는 모두 오후 불식을 한다. 점심 공양은 상황에 따라 몇몇 스님과 봉사자들이 중심이 되어 함께 준비한다. 그러므로 날에 따라 중국 음식, 베트남 음식, 한국 음식, 서양 음식, 중남미 음식 등 다양한 메뉴를 먹어볼 수 있다. 식사를 시작하기 전 스님 한 분이 법당에 있는 여러 법단에 공양물과 향을 올리고 진언을 외운다. 그리고 오전 11시가 되면 영화 스님을 포함한 승가의 대부분의 스님들이 공양간 식탁으로 모인다. 스님들과 자유롭게 오는 재가불자들이 다 함께 임재의臨齋儀, 삼념三念 그리고 오관五觀을 독송하고 식사한다. 다른 도량에서 '묵언'으로 식사하는 것과 달리 위산사의 점심 공양 시간에는 많은 대화가 오고 간다.

매주 토요일 아침 9시에는 무료 참선 교실이 있다. 참선 학생들의 문화적 배경이 가장 다양하다. 예를 들어 학생들 중에는 미국인, 중국인, 베트남인, 한국인, 인도인, 멕시코인, 중동인, 아프리카인, 혼혈인 등 다양한 국적과 인종이 있고, 불교인뿐 아니라 개신교, 천주교, 이슬람교, 도교 등 종교적 배경이 다양한 사람들이 온다. 요즘은 학생의 숫자가 급증해서 아직 간판도 없고 건물 꼭대기에 십자가만 있는 위산사는 앉을 자리가 부족할 지경이다. 최근 현인 스님이 시작한 어린이 참선 교실 프로그램에도 많은 아이들이 참여하기 시작했다.

위산사는 아직 불상을 제대로 모시지 못했는데 드디어 2020년에 천수천안 관음상을 모시기로 결정되었다. 불상 제작은 한국인 장인인 차기정 선생님이 하고 있다. 위산사의 법당 내부는 불상뿐 아니라 수

미단, 운각, 법좌 등을 철저히 한국식으로 꾸밀 예정이다. 차기정 선생님은 2016년 첫 도량인 노산사의 천불상을 설치한 분이기도 하다. 한국의 스님들과 수행자들은 법당에 모셔진 한국 부처님들 덕분에 미국 도량이 낯설지 않다고 했다.

수년 전 영화 스님은 우리가 '아메리카 찬', 즉 '미국의 선'을 수행하고 있다고 말씀하셨다. 당시 노산사(Lu Mountain Temple)의 수행 공동체는 훨씬 작았고, 수행자와 신도 대부분이 동양인이었다. 나는 당시 찾아오는 사람들에게 우리는 미국 절이라고 말해줬다. 하지만 사람들은 "그 베트남 절? 그 중국 절?"이라 불렀다. 이제 우리는 누가 보아도 진정 미국의 대승불교를 개척하는 공동체가 되어가고 있다. 미국은 이민자들로 이루어진 국가이고, 어느 나라에서 왔든, 종교와 문화적 배경이 어떻든 상관없이 우리는 모두를 포용한다. 위산사가 그렇다. 베트남인이 많이 있을 때에는 베트남 절이 되어 쌀국수를 먹고, 중국인이 많을 때는 중국어 대화가 오고 가고, 한국인이 많을 때는 김장을 하고 부침개를 부쳐 먹는 그런 절이 되었다.

위산사는 중국 정통선 법맥인 위앙종의 법을 이어서 수행하고 있지만, 인종, 종교, 나이가 다양한 모든 이가 참여할 수 있는 수행 공동체가 되었다. 7년 전 노산사에서 처음 영화 스님을 만나 참선을 시작했을 때, 다른 한국인들이 여기 모일 것이라는 것은 상상도 하지 못했다. 수행을 통해 경험한 안락함을 고향 사람들과 나누고 싶은 마음이 간절했는데, 여기 미국 수행 공동체에 많은 한국인이 모일 수 있게 되어 매우 기쁘다. (2019.11)

위앙종 9대 조사
선화 상인의 종지

한국에 아직 많이 알려지지 않은 선화 상인과 그가 이은 법맥인 위앙종에 대해서 간단히 이야기해보려 한다. 위앙종은 오랜 세월 동안 그 맥이 끊어져 있었다. 그러던 중 중국 근대 불교를 중흥시킨 허운 화상(虛雲和尙, 1840~1959)께서 선종 오가, 즉 위앙종潙仰宗, 임제종臨濟宗, 조동종曹洞宗, 운문종雲門宗, 법안종法眼宗의 법맥을 모두 이어받으셨다고 한다. 허운 화상은 화두법과 참선 요지參禪要旨로 중국뿐만 아니라 한국에서도 잘 알려져 있는 대선사이시다. 선화 상인宣化上人(1918~1995)께서는 법맥을 인가받기 위하여 허운 선사를 만나셨을 때, 이 5개의 법맥 중 위앙종의 법맥만을 인가받으셨다고 한다.

영화 스님의 법문과 다른 여러 불교 자료를 살펴보니 한국 불교는 이 오가 중 임제종의 영향을 특히 많이 받았다고 한다. 한국 불교에 가장 큰 영향을 미친 성철 스님도 호랑이처럼 무서우셨다고 하는데, 살아계실 때 『임제록』을 강설하셨다고 들었다. 임제종은 제자들을 매우 혹독하고 엄격하게 지도하는 것으로 유명하다.

예전에 많은 사람이 위앙종에 대하여 연구하고 설명하려 하였으나, 영화 스님에 따르면 위앙종은 스승과 제자 사이에서만 벌어지는 일이며, 공개적이지 않기 때문에 잘 알려지지 못했다고 한다. 또한 임제종의 수행 스타일이 매우 무섭고 혹독하다고 생각하지만, 위앙종의 선사들도 상황에 따라 혹독하게 제자들을 지도하셨다고 한다.

그렇다면 이런 미스터리한 위앙종의 마지막 조사이셨던 선화 상인은 어떤 분이었을까? 선화 상인은 중국의 정통선인 위앙종을 서양으로 전파하신 분이다. 선화 상인은 미국에서 제자들과 함께 방대한 양의 대승 경전과 법문을 영문화하는 일도 하셨고, 많은 출재가자가 수행할 수 있도록 지도하셨다. 그뿐만 아니라 미국과 세계 전역을 다니시면서 법문을 활발히 하셨다고 한다.

내가 처음 수행을 시작했을 때 가장 인상 깊었던 부분이 바로 선화 상인의 3대 종지였다. 선화 상인은 제자들에게 이 종지를 매일 새벽과 저녁 예불 시간을 통해 낭송하도록 하셨다. 나도 처음 이 종지를 읽었을 때, 이를 마음 깊이 새겨 넣게 되었다. 그래서 늘 하고자 하는 말이나 행동이 이 종지에 어긋나는지 다시 한 번 생각해본다.

얼어 죽어도 (인)연에 매달리지 않는다.(凍死不攀緣)

굶어 죽어도 연을 구걸하지 않는다.(餓死不化緣)

가난으로 죽어도 연을 구하지 않는다.(窮死不求緣)

연을 따르되 변하지 않고, 변하지 않되 연을 따른다.(隨緣不變, 不變隨緣)

우리는 이 삼대 종지를 굳게 지킨다.(抱定我們三大宗旨)

우리는 부처님의 일(불사)을 위해 목숨을 바친다.(捨命爲佛事)

우리는 가장 중요한 일을 위해 삶을 만들어간다.(造命爲本事)

승가를 위해 우리의 인생을 바로잡는다.(正命爲僧事)

일에 임해 도리를 분명히 하고, 도리를 분명히 해서 일에 임한다.(即事明理, 明理即事)

우리는 조사 일맥의 심전을 널리 퍼뜨린다.(推行祖師一脈心傳)

자신에게 물어보라: 싸우지 않는가?(問自己是不是不爭)

자신에게 물어보라: 탐하지 않는가?(問自己是不是不貪)

자신에게 물어보라: 구하지 않는가?(問自己是不是不求)

자신에게 물어보라: 이기적이지 않은가?(問自己是不是不自私)

자신에게 물어보라: 자신의 이익을 취하지 않는가?(問自己是不是不自利)

자신에게 물어보라: 거짓말하지 않는가?(問自己是不是不打妄語)

자신에게 물어보라: 하루에 한 번 먹는가?(問自己是不是吃一餐)

자신에게 물어보라: 항상 가사를 입고 있는가?(問自己是不是衣不離體)

이것이 조사들로부터 전해 내려온 가풍이다.(這是我們祖師所傳的家風) 우리는 이를 변함 없이 따른다.(我們遵從不易)

종지의 내용 중 마지막의 '하루에 한 번 먹는가'와 '하루 종일 가사를 입고 있는가'는 비구, 비구니계를 받은 출가자들에게 해당된다.

수년 전 네팔에 지진이 나서 많은 사람이 다치고 죽은 적이 있다. 그때 우연히 뉴스를 봤는데, 나이가 많은 한국인 교포 한 분이 인터뷰에서 "이렇게 순수하고 착했던 사람들이 지진이 나서 굶으니 갑자기 나쁜 사람들이 되었습니다"라고 말했다.

지금 코로나19 바이러스로 전 세계의 모든 사람이 어려운 과정을 겪고 있다. 누구든 의식주가 모두 해결되고 극심한 어려움이 없을 때는 관대할 수 있다. 하지만 자신의 의식주가 위협을 받고 목숨이 위태롭다고 느껴지면 악한 언행을 하기 쉬워진다. 참선과 수행으로 선정의 힘을 얻고 계속 발전하면, 배고픔과 추위에 대한 괴로움, 불확실성에 대한 두려움, 갖고 싶은 것을 갖지 못함에서 발생하는 불만족도 줄어든다.

이럴 때일수록 부정적인 생각을 키우기보다는 우리의 빛을 내면으로 돌리는 기회를 가져보면 좋겠다. 우리가 선정의 힘으로 얼어 죽어도 연에 매달리지 않고(凍死不攀緣), 굶어 죽더라도 연을 구걸하지 않으며(餓死不化緣), 가난으로 죽어도 연을 구하지 않을 수 있을(窮死不求緣) 정도의 힘과 지혜가 있을 때, 비로소 다른 이들과 싸우지 않고(不爭), 무엇도 탐하지 않으며(不貪), 아무것도 구하지 않고(不求), 이기적이지 않으며(不自私), 자신을 위한 이익을 취할 필요도 없고(不自利), 거짓말을 할 필요가 없게(不打妄語) 된다.

사회로부터 고립된 상황일수록 마음에 침투하는 불안감, 증오, 공포와 같은 부정적인 감정과 생각들은 눈 깜짝할 사이에 마음속에 깊이 뿌리 내리고, 밤낮으로 우리를 괴롭힐 수 있다. 요즘 소셜미디어에 유행하는 말처럼 '밖으로 나갈 수 없다면, 안으로 들어가보자!(If You Can't Go Outside, Go Inside).'(2020. 4)

1 2018년 미국 뉴욕에서 참선 워크숍 후 영화 스님과 함께 찍은 사진
2 결가부좌한 미국 어린이. 어린이들에게도 결가부좌 자세가 아주 유익하다.
3 2020년 미국 샌프란시스코 금문교 앞에서 찍은 사진
4 2019년 미국 위산사의 법회 전경

5   미국 위산사에서 영화 선사의 법문을 준비하고 있다. 영화 스님은 영어로 법문하시며, 한국어, 중국
    어, 베트남어로 동시 통역된다.

6   2016년 미국 구글 초청으로 참선 법문을 하기 위해 본사가 있는 캘리포니아주 마운틴뷰를 방문했다.

7   2020년 미국 LA 고려사에서 열린 꼬마 명상 캠프. 아이들도 결가부좌를 따라 하며 참선과 염불에 큰
    관심을 보였다.

1   미국의 영화 선사(Master YongHua)

2   1988년 미국 샌프란시스코에서 선화 상인의 모습

3   2018년 미국 위산사에서 맹물 단식 8일차

4   미국 할리우드 길에서 참선이 뭔지 묻는 사람에게 참선의 자세와 이점을 설명하고 있다.

영화 선사의 대승 수행 도량

한국

Jeweled Mountain Temple 한국 대승 수행 도량 보산사寶山寺
충북 청주시 흥덕구 강내면 태성탑연로 377 (우) 28172
TaeSungTopYeonRo 377, Gangnae-myeon, HungDuck-Gu
CheongJu-Si, Chungcheongbuk-do (Postal code 28172), South Korea
Tel | (070) 8860 - 3770

미국

Wei Mountain Temple 위산사潙山寺
7732 Emerson Pl, Rosemead, CA 91770, USA
Tel | (626) 766 - 1009 / info@chanpureland.org

Lu Mountain Temple 노산사廬山寺
7509 Mooney Drive, Rosemead, CA 91770, USA
Tel | (626) 280-8801

Gold Forest Chan Meditation Center 금림선사 金林禪寺
796 Delmas Ave, San Jose, CA 95125, USA

사찰 공식 홈페이지(한국어) | www.chanpureland.org/mastersunim
네이버 카페 | cafe.naver.com/mastersunim
현안 스님 이메일 | xianan@chanpureland.org

지난 2019년 미국에서 출가할 때 사업 또는 집 돌보는 등의 일에 시간을 뺏기지 않고, 오직 은사 스님이자 선지식인 영화 스님 곁에서 더 많이 보고 듣고 배울 수 있을 것이라는 마음에 기뻤습니다. 하지만 기쁨도 잠시, 출가한 지 6개월 후 한국으로 오게 되었습니다.

우리는 이렇게 빨리 한국에도 영화 선사의 수행 도량이 생기리라고는 전혀 예상하지 못했습니다. 지난 3월 한국에서 연락이 왔습니다. 미국에 한두 번 오셔서 함께 정진하셨던 한 수행자가 한국에도 영화 선사의 도량이 있어야 할 것 같아 장소를 물색하던 중 좋은 자리를 발견했다는 것입니다. 영화 스님은 일반인들이 평일이든 주말이든 쉽게 찾아와서 수행할 수 있어야 하므로 되도록 접근성이 좋아야 한다고 말씀하셨습니다.

그 소식을 듣고 영화 스님과 동행하여 한국에 왔습니다. 미국에서 함께 정진했던 한국의 스님들과 여러 수행자가 매우 기뻐하며, 영화 선사의 첫 한국 수행처가 될 자리에 모였습니다. 영화 스님은 최종적으로 여기서 하자고 결정하시고, 사람들에게 현안(필자)을 다시 한국으로 돌려보낼 것이라 하셨습니다. 전 속으로 생각했습니다. '아, 그렇구나. 내가 한국에 가는구나!'

 미국 위산사에서 멀리 떨어져 있으며, 이제 막 출가한 지 얼마 되지도 않아 아직도 배울 것이 많은데 과연 내가 잘해낼 수 있을까 하는 의문이 들었습니다. 그렇지만 영화 스님이 보내시기로 하셨다면 앞으로 다 잘될 것이라고 확신을 갖고, 스님의 말씀대로 편도 항공권을 사서 한국으로 왔습니다.

 세상 사람들은 미국에서 사업하던 젊은 여성 기업가가 어째서 이렇게 변할 수 있는지 궁금할 것입니다. 영화 스님을 만나기 전의 저는 자신밖에 모르고 이기적인 사람이었습니다. 그리고 저는 참선을 배우기 전에는 다른 이들에 대한 존경심이 없고, 무시하는 마음이 항시 일어나는 그런 사람이었습니다. 저는 다른 이들보다 우월하고, 성공적이고, 강한 사람이라는 것을 뽐내기를 좋아했습니다.

 참선과 대승에서 얻은 힘과 지혜는 그런 모습들이 얼마나 흉악하고 못난 것인지 알게 해주었습니다. 사람들은 본래 나빠서 나쁜 짓을 하는 것이 아닙니다. 마음이 편하지 못하니까 자기가 원하는 것이 우선이 되고, 다른 사람이 원하는 것이 무엇인지 볼 수 없어서 충돌이 생기는 것입니다. 저도 찬(선)을 배우기 전에 다른 이들보다 더 멋있고 성공적이길 원했고, 그렇게 보이길 바랐습니다. 그래서 다른 이가 뭘 원하는지 살펴보질 못했습니다.

자기 자신의 흉하고 못난 모습을 인정하고 들여다보는 일은 매우 어려운 일입니다. 하지만 그 보상 또한 엄청납니다. 그러므로 자신의 허물을 직면할 수 있는 용기 있는 사람들에게 제가 배우고 경험한 찬(선)을 배울 기회를 나누고 싶습니다.

영화 스님이 어떤 대가도 원하시지 않고 제 자신의 허물을 보고 그런 마음으로부터 자유로워질 수 있게 기회를 주신 것처럼, 여러분도 이 책을 통해 그런 기회를 얻을 수 있길 빕니다.

보물산에 갔다 빈손으로 오다

현안 스님의 미국 찬禪 메디테이션 이야기

초판 1쇄 발행 2021년 3월 1일

지은이 현안

발행인 김미숙

편집인 김성동

교정 강진홍

펴낸곳 도서출판 어의운하

주소 경기도 파주시 월롱면 누현길 94-2 티메카E동 102호

전화 070-4410-8050

팩시밀리 0303-3444-8050

페이스북 https://www.facebook.com/you-think

블로그 https://blog.naver.com/you-think

이메일 you-think@naver.com

출판등록 제406-2018-000137

ISBN 979-11-965609-8-0